NARUTO THE MOVIE

ザ・ラスト

THE LAST
ザ・ラスト
NARUTO THE MOVIE

Masashi Kishimoto

Maruo Kyozuka

PANINI MANGA
Novels

Toneri Otsutsuki

Descendiente de la madre del *chakra*, Kaguya Otsutsuki.

Las marionetas que emplea Toneri

Sai

Utiliza la técnica Choju Giga para materializar sus pinturas de tinta.

Personajes

Naruto Uzumaki

Héroe de la Aldea Oculta Konoha. Posee el *chakra* del Kyubi y desde niño su meta ha sido convertirse en Hokage.

Shikamaru Nara

Tiene un cociente intelectual mayor a 200. Lidera la tropa de esta misión.

Hinata Hyuga

Kunoichi miembro del clan Hyuga. Poseedora del Byakugan.

Sakura Haruno

La mejor *ninja* médica de la Aldea Oculta Konoha.

THE LAST: NARUTO THE MOVIE

Obra original, diseño de personajes y supervisión de la historia:

Masashi Kishimoto. [*NARUTO*]

(Publicado por Jump Comics, Shueisha)

Director: Tsuneo Kobayashi

Guion: Maruo Kyozuka

Diseño de personajes y dirección de animación:

Tetsuya Nishio y Hirofumi Suzuki

Distribución: Toho

Producción: Comité de Producción de *Naruto la Película*

(TV Tokyo, Shueisha, Pierrot, Aniplex, Dentsu, Bandai)

© Masashi Kishimoto-Scott / Shûeisha-TV Tôkyo-Estadio Pierrot

© Comité de producción de la película 2014

Esta obra es ficción.

No tiene relación alguna con personas, grupos o eventos de la realidad.

Índice

Prólogo
Recuerdos

Cierto día de marzo, antes de su inscripción a la academia *ninja*, Hinata Hyuga se encontraba en un matorral aún con rastros de nieve, rodeada por bravucones.

"¿Acaso no eres una Hyuga? ¡Enséñanos tu Byakugan!"

"¡Esos ojos blancos dan asco, boba!"

"¿Eres un monstruo? ¡El monstruo del Byakugan!"

Justo cuando sintió que ya no podría más, su héroe se presentó.

"¡Oigan! ¡Dejen de molestar a esa niña!"

Apareció para sacarla de su aprieto.

El niño de la bufanda, a pesar de su baja estatura, no se veía temeroso frente a los tres mayores, incluso sonreía. Al contrario, parecía que los bravucones eran quienes se sentían presionados.

"¿Y tú quién eres?"

"Soy Naruto Uzumaki. ¡El futuro Hokage!"

Luego de emitir ese rugido, se lanzó ferozmente contra los tres. Se notaba claramente que los perdonavidas estaban listos para huir.

Hinata apretó sus pequeños puños y suplicó en silencio por su victoria.

Unos minutos después, el niño estaba en el piso. Había perdido la consciencia. Su jutsu de clones de sombras, el

Kagebunshin, había fallado y los bravucones le habían dado una paliza.

"¿El futuro Hokage? ¡Si es un debilucho!"

Los malandros tomaron la bufanda del chico, la azotaron contra el suelo, la pisaron y, habiéndola dejado ya totalmente arruinada, se retiraron entre risas.

Él estaba inmóvil, con los ojos volteados y la boca medio abierta. Hinata intentó sacudirlo un poco. Su cuerpo se movió lánguido y sus párpados comenzaron a pestañear. Despertó y al instante se levantó de un brinco, con la guardia en alto.

"¡Todavía no acabamos! ¡Ahora sí les arrojaré un superjutsu para que… vean…! ¡Ay, ay, ay!"

Se sostuvo la cabeza y cayó del dolor.

"¿Estás bien?"

Hinata lo miró y notó que el niño tenía la boca enrojecida e hinchada.

"Eso no fue nada…"

"Esta… esos niños…"

Hinata le mostró la bufanda que habían destrozado esos tipos maliciosos.

"Ah, eso. Ya no la necesito."

"Perdón. Si te parece bien…"

Hinata se quitó su propia bufanda e intentó dársela, pero el niño la rechazó con la mano.

"No te preocupes. En fin, me voy." Susurró y partió, con el paso inestable.

"¡M-muchas gracias!"

Hinata inclinó profundamente la cabeza mientras el niño le daba la espalda.

"¡No fue nada!"

El chico volteó con una sonrisa y se fue lleno de energía. Él era débil. Aun así, hizo frente al enemigo para ayudar a una niña desconocida. Hinata apretó con fuerza la bufanda destrozada que había dejado atrás.

***

Los chillidos de las cigarras del patio se escuchaban en el salón de la academia *ninja*.

"Si el mundo fuera a acabarse mañana, ¿con quién querrían pasar su último día en la Tierra?" Preguntó desde su escritorio Iruka Umino. En respuesta, Naruto Uzumaki rompió en carcajadas.

"¡El mundo no se acabará!"

"¿Qué tal… si fuera a caerse la Luna?" Replicó Iruka al joven Naruto.

"Si de todas formas el mundo se terminará, preferiría que en vez de la Luna cayera un montón de carne."

Toda la clase rio al escuchar lo que había dicho Choji Akimichi mientras observaba el techo.

"¡Aunque la Luna se caiga, yo te protegeré, Sakurachan!" Le dijo Naruto, lleno de confianza, a Sakura Haruno, sentada a su lado.

"¿Y tú por qué? ¡Yo no necesito quien me ayude!" Y diciendo esto, giró su cabeza hacia el otro lado.

"Escuchen. Quiero que todos escriban un nombre. ¿Con quién querrían estar durante el día del fin del mundo? Escriban el nombre de la persona que les venga a la mente."

Los alumnos exclamaron de emoción y tomaron sus lápices.

"No veré lo que escriban. Será su secreto, así que escriban con honestidad."

Naruto, intrigado por saber qué escribirían sus compañeros, volteó alrededor. Muchos escribían "papá" o "mamá". Eran respuestas razonables, pues todos eran niños.

Yo no conozco ni a mi papá ni a mi mamá…

"Seguramente hay alguien. Sé honesto y escribe la primera persona que se te venga a la mente." Le murmuró Iruka a Naruto para ayudarlo, dándole palmaditas en la cabeza.

"La primera persona que se me venga a la mente"… ¿Quién?

A Naruto no se le ocurría nadie. Sostuvo su lápiz entre la nariz y el labio y se partió la cabeza pensando.

Sakura, sonrojada, escribió "Sasuke-kun".

Por otra parte, el aludido estaba mirando hacia la ventana, sosteniendo su cabeza con la mano.

Tampoco tengo amigos… ¿Pues qué tan solo estoy?

Incapaz de escribir un nombre, Naruto se desanimó y comenzó a desesperarse. Entonces utilizó la hoja de papel para elaborar un avión y lo aventó por la ventana.

"¡Naruto! ¡No tires tu papel!"

"¡De todas formas nunca llegará el fin del mundo!"

"¡Estoy diciendo que si acaso se terminara!"

"¡Que no terminará!"

El avión de papel voló por los aires. Hinata lo siguió con la mirada y después vio a Naruto de reojo. Luego comenzó a escribir un nombre.

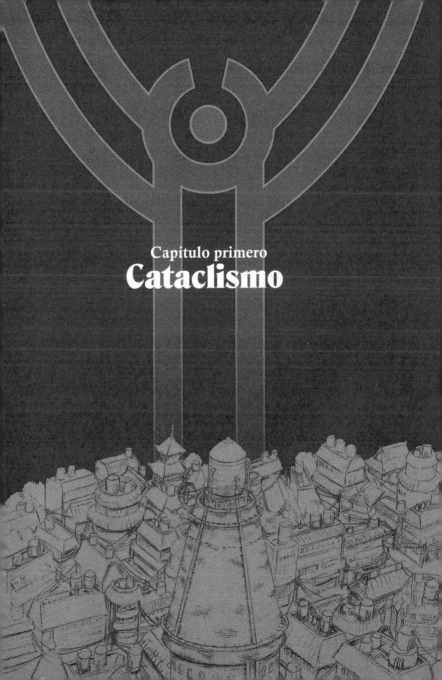

Capítulo primero
Cataclismo

1

Habían transcurrido ya casi dos años desde la Cuarta Guerra Mundial Shinobi. El otoño estaba en su apogeo. La helada luna llena iluminaba el bosque profundo a las afueras de la Aldea Oculta Konoha. Varias rocas gigantes de formas extrañas sobresalían por encima de la arboleda.

Hiashi Hyuga, acompañado de dos subordinados, esperaba a cierto hombre. Un gruñido grave resonó desde ningún lugar en específico.

"Este es un mandato divino. Una orden celestial impuesta al clan Hyuga."

Entonces apareció una silueta sobre una piedra. Era un joven apuesto y sonriente que mantenía los ojos cerrados.

Los dos subordinados sacaron sus *kunai* y levantaron la guardia.

"Hiashi Hyuga, hoy mismo escucharé tu respuesta. Decide el futuro de tu clan."

"¡La respuesta de los Hyuga es esta!"

Hiashi saltó y extendió en el aire la parte baja de la palma de su mano hacia el hombre. Sin embargo, este no se movió. La distancia entre ellos se redujo. Entró en su rango de alcance. En cuanto Hiashi consideró que podría derrotarlo, el hombre desapareció, convirtiéndose en numerosas esferas de luz y esparciéndose.

"¡!"

Hiashi aterrizó y, mientras observaba perplejo a su alrededor, emergió de la tierra una docena de *shinobis*. Los miembros del extraño grupo se cubrían las caras completamente con vendas. Esos misteriosos *shinobis* saltaron al cielo y cayeron velozmente sobre Hiashi. Sus dos subordinados lo cubrieron, interponiéndose en el ataque.

"Hiashi-sama, ¡rápido!"

"¡Sí! ¡Encárguense de esto!"

Hiashi brincó y se retiró del lugar.

Dejando atrás a unos cuantos para repeler la ayuda, los *shinobis* vendados persiguieron a Hiashi. Lo aferraron de brazos y piernas, cubriéndolo casi por completo.

"¡Hakkesho kaiten![1]"

Hiashi provocó un tornado con su jutsu e hizo volar a sus enemigos.

Miró hacia arriba y notó que un *shinobi*, más grande que los demás, levantaba ambas manos y creaba una enorme burbuja brillante. ¡Desprendía una hostilidad increíble!

"¡Uh!"

---

[1] "Rotación de los Ocho Trigramas"

Lanzó la burbuja, la cual estalló. Hiashi evitó por un pelo un golpe crítico, pero recibió una grave herida en el hombro. Comenzó a perder *chakra*. Aun así, corrió desesperadamente. El enemigo continuó lanzando su ataque de burbuja sin cesar.

Hiashi encontró una cueva y huyó hacia ella. No obstante, las burbujas lo siguieron hasta el interior. Varias de ellas estallaron. El techo colapsó y una lluvia de piedras cayó sobre Hiashi.

¡Crac! ¡Plam! ¡Puuum!

La gran cantidad de rocas cubrió por entero su cuerpo.

***

Iruka Umino llamó a Naruto a la academia *ninja* y le pidió que ejerciera como maestro por ese día y les compartiera sus conocimientos a los niños.

"Perdón por hacerte venir cuando estás ocupado con otras misiones."

"¡No te preocupes, *sensei*!"

"Es que tus clases son populares con los niños… ¿Oh? ¿Volviste a crecer?"

Antes Naruto tenía que alzar la mirada para ver a Iruka, pero ahora ya lo había alcanzado en estatura.

Tan feliz cuan apenado, Naruto esbozó una gran sonrisa y se rascó la cabeza.

"Escuchen: tanto para el ninjutsu como el taijutsu, las bases son lo importante."

Darles clases a los niños le parecía divertido. Había reunido a los varones en el patio escolar para enseñarles acerca del taijutsu.

"¡Ahora les mostraré cómo se hace, así que pongan mucha atención!"

"¡Sí!"

Incluso siendo ya todo un adulto, Naruto no tenía ninguna habilidad especial que pudiera ofrecer a la gente. Si había algo que fuera capaz de enseñarles a los niños, esto no eran palabras, sino las técnicas que había refinado a través de sus batallas a vida o muerte. No le era posible más que demostrarlo en vivo.

Primero, lo más básico de lo básico: un golpe recto.

"¡Urya!"

Su puño partió el aire. Sin detenerse, sacudió su mano hacia la derecha, poniéndola en forma de cuchillo, y terminó con un golpe de la parte baja de su palma izquierda.

"¡Ei-yah!"

Había usado este mismo puño, cuchillo y palma contra varios de sus rivales. Los niños quedaron sin aliento al ver al *verdadero* a solo unos cuantos metros de sus ojos. Parecían estar conmovidos al presenciar lo difícil que era el camino que intentaban tomar. Pero...

"¡Naruto-sempai!"

"¡Kyaaa! ¡Naruto-sama!"

"..."

Por un momento, Naruto se sintió mareado. Las voces coquetas arruinaron su forma perfecta de taijutsu. Las niñas estaban en las ventanas del tercer piso de la escuela, lanzando sus gritos de apoyo para el afamado Naruto.

Desde que había conseguido el apodo del "Héroe de la Aldea" por sus esfuerzos en la Guerra Mundial Shinobi, cada vez más chicas le hablaban. Claro, no era algo que el propio Naruto deseara, pero incluso tenía en su haber unas cuantas acosadoras y varias de ellas lo esperaban en ocasiones afuera de su casa.

A Ino y a Shikamaru les daba risa que "Naruto ya fuera popular", pero este no sabía cómo interactuar con ellas y simplemente se la pasaba confundido.

2

El distrito comercial estaba lleno de clientes. El mes siguiente se celebraría el gran "Festival del Samsara" en la

Aldea Oculta Konoha. Originalmente se trataba de un festival solemne cuyo propósito era orar por las almas de los muertos, pero después perdió ese significado. Se había convertido en un evento de entretenimiento, donde aquellos cercanos se reunían e intercambiaban regalos.

En ese distrito comercial rebosando de gente se encontraba Hinata. Salió de una tienda con una expresión de alegría, ligeramente sonrojada. Abrazó la bolsa con hilo rojo dentro y se fue atravesando las multitudes.

Ino, Shikamaru y Choji visitaron la casa de Kurenai. Le llevaron un regalo de cumpleaños a Mirai, la hija de su ya difunto y preciado instructor, Asuma Sarutobi.

"Gracias."

"Ya tiene dos años… Qué rápido pasa el tiempo."

Kurenai, ahora toda una madre, sonrió al escuchar lo que dijo Shikamaru. ¿Quién diría que esta cariñosa madre antes fue una poderosa jonin?

Kurenai estaba profundamente agradecida con los aprendices de Asuma por continuar al pendiente de su hija.

"Mirai sí que se parece a Asuma-sensei." Dijo Choji mientras veía una foto de Asuma que decoraba el lugar. Kurenai abrazó a su joven hija y cariñosamente frotó la mejilla contra ella.

***

Ya de noche, Naruto comía *ramen* en Ichiraku. Estaba sentado en el mostrador, sorbiendo la pasta caliente junto con los niños de la academia *ninja*.

"Adelante, coman lo que quieran. ¡Yo invito!" Dijo Naruto-sensei mientras se limpiaba el sudor de la frente.

"¿Ahora eres maestro por un día? Wow, vaya que te has vuelto importante." Dijo Kiba, quien se encontraba en la tienda de casualidad, en tono burlesco.

Kiba Inuzuka, acompañado de su gigante perro *ninja*, Akamaru, se sentó a la mesa que estaba en el exterior a comer *ramen*. También se encontraba con él su amigo, Shino Aburame.

"Sí que te encanta el *ramen*, Naruto. Constantemente estás en Ichiraku."

"¡Sí, el *ramen* es genial! ¡Podría comerlo todos los días, tres veces al día!" Contestó Naruto con una sonrisa al comentario falto de energía de Shino.

"¡Ya me imaginaba que estarías aquí!"

Se escuchó una voz familiar. Naruto miró hacia afuera de la tienda y encontró ahí a Konohamaru.

"Naruto-niichan[2], quiero que me acompañes para un asunto importante."

Konohamaru Sarutobi era el nieto del tercer Hokage, Hiruzen Sarutobi.

Naruto se sentía en deuda con Hiruzen, pues fue quien lo mantuvo después de quedar huérfano. De igual forma sentía afecto por Konohamaru, quien lo admiraba como su propio hermano. No podía rechazarlo. Naruto lo siguió y se dirigieron a la casa de los Sarutobi.

Había un almacén viejo en una esquina del extenso terreno. Abrieron la pesada puerta y entraron en la oscuridad. El olor del moho pinchó sus narices.

"Espera un poco, prenderé una luz."

Se escuchó el sonido de un cerillo y se encendió fuego en una vela.

Konohamaru arrastró una caja vieja de madera desde una esquina del cuarto y la colocó frente a Naruto.

"Son reliquias de mi abuelo Hiruzen. Las encontré mientras limpiaba el almacén."

Konohamaru abrió la caja, revelando los libros, útiles y demás objetos personales que la llenaban.

---

[2] Apelativo empleado para referirse a los hermanos mayores de manera cariñosa

"Bueno, casi todo es simple chatarra, pero hay una cosa que debe ser algo importante para ti, Naruto-niichan."

"¿Algo importante para mí?"

"Sí, mira esto."

Konohamaru le dio una bolsa de papel.

***

Hinata estaba encerrada en su cuarto, confeccionando una bufanda roja. Poniendo su corazón en cada movimiento, tejió y tejió. Cansada, observó la vieja bufanda destrozada. Era la que usaba Naruto el día que lo conoció.

Él se convirtió desde entonces en el centro de toda su admiración. Conforme fue creciendo, ese sentimiento por él también se incrementó.

¿Qué haría Naruto-kun en esta situación?

Siempre que se encontraba en apuros en alguna misión, o cuando dudaba de su propio camino *ninja*, pensaba en Naruto. De esta manera sentía que él le daba un empujón para seguir adelante.

Siempre era Naruto quien le mostraba a Hinata el camino a seguir. Ahora ella quería agradecerle y brindar forma a sus sentimientos.

Miró el calendario. Ya solo faltaba un mes para el Festival del Samsara. Hinata reanudó su trabajo.

***

Una tarde de unos días después, Naruto caminaba por el distrito comercial, acompañado de Konohamaru. En las manos cargaba dos regalos lujosamente envueltos.

Se los habían dado dos muchachas que decían ser sus admiradoras, una afuera de la casa de baños y otra en la cuesta por la zona residencial.

¡Y todavía falta para el Festival del Samsara! Si ya me están regalando tanto desde ahora… ¿Qué voy a hacer?

Mientras Naruto estaba confundido, Konohamaru se encontraba de buen humor, feliz de la popularidad de su amado hermano.

"De verdad que no defraudas nunca mis expectativas, Naruto-niichan."

¡¿Qué rayos dices tan despreocupado?!

En cuanto Naruto suspiró, le llovieron gritos coquetos.

"¡Naruto-kun! ¡Feliz Festival del Samsara!"

Las niñas, gritando cosas como "¡Naruto-kun!" y "¡Naru-sama!", le entregaron regalos con envolturas llamativas.

"Ah, sí, el Festival del Samsara… G-gracias…"

Estaba perdido sin saber qué hacer mientras recibía la gran cantidad de presentes.

Después de que Naruto se fue, Sakura apareció en la calle. Llevaba una bolsa con sus compras. Al mismo tiempo sonaron las campanas de la puerta de la tienda de manualidades y de esta salió Hinata cargando una bolsa con estambre rojo dentro. Se le había acabado el que había adquirido el otro día, por lo que estaba ahí por más.

"¡Ah, Hinata!"

"¡Sakura-chan!"

Ambas se encontraron al centro del distrito comercial.

"Estambre rojo… ¿estás tejiendo algo? Qué inusual…"

"Estoy tejiendo una bufanda."

"Hmmm…"

La mirada de Sakura se cruzó con el anuncio del distrito comercial que decía "Festival del Samsara".

Al instante, el cerebro de Sakura descifró la fórmula: Hinata + Festival del Samsara + bufanda tejida a mano = ¡Un regalo para Naruto!

La tímida Hinata por fin comenzó su estrategia para conquistar a Naruto.

"¡Ánimo!"

"¿Eh?"

"¿No piensas regalársela a él?"

Hinata no respondió; se puso roja hasta las orejas y bajó la mirada. A Sakura le gustaba lo honesta y sincera que era Hinata. No quería verla llorar, así que decidió apoyar el romance de su amiga.

3

Naruto regresó a casa cargando un montón de regalos. Los arrojó sobre su cama sin encender la luz y se recostó a un lado.

"Fuuu… Qué cansancio."

Contempló abstraído la montaña de regalos en la oscuridad. No eran solo los de la cama. La estrecha habitación tenía tantos regalos esparcidos por doquier que no era posible caminar.

De pronto, su nariz comenzó a temblar.

"¡Ah-ah-achú!"

Se asomó por la ventana y notó que finalmente comenzaba a neviscar.

N-nieve… Pues sí que hace frío.

Prendió la lámpara cercana a la cama y sacó una bufanda del cajón. Esta era suave, delicadamente tejida y de

patrón a rayas. La posó contra su rostro para sentir la suavidad de la tela y se la colocó en el cuello.

"Está calientita." Susurró feliz, sonriente.

***

La nieve también caía sobre la residencia de los Hyuga. Había una capa gruesa sobre los árboles y lámparas del jardín, lo que dejaba el paisaje totalmente plateado. La nevada se detuvo justo antes del anochecer. El cielo se despejó, revelando la luna creciente. A un lado de la ventana empañada por el calefactor de la habitación, Hinata continuaba tejiendo la bufanda.

"¡Acabé!"

Con gran alegría, alzó la bufanda terminada por encima de su cabeza.

Había terminado por ser muy extensa, pues, al hacerla con tanto amor, no quería detenerse.

"¿No estará demasiado larga?"

¡No! ¡Es el resultado de haberla hecho con el corazón! ¡Seguramente así Naruto-kun aceptará mis sentimientos!

Hinata se preparó y salió del cuarto.

¿De verdad los aceptará? Ya es tarde… Mejor mañana… No, tengo que ir hoy. Mejor mañana… ¡No: hoy! Mejor mañana…

"¿Por qué no vas de una vez a confesártele?"

Mientras caminaba de un lado a otro del pasillo, alguien le habló desde el jardín.

"Hanabi... ¿hace cuánto que estás ahí?"

"No... ¿Hasta cuándo tú piensas seguir ahí?"

"Si estabas ahí, al menos me hubieras dicho algo." Hinata miró con incomodidad a Hanabi.

"Es que me pareció divertido ver a esta jovencita enamorada en apuros."

"No digas esas cosas, niña precoz."

"No soy una niña. Incluso mi Byakugan tiene mayor percepción que el de algunos adultos." Dijo Hanabi llena de orgullo, ya a un lado de Hinata.

"Pero, en fin, ¡mira! ¿A poco no está lindo?"

Hanabi, mirando a su hermana, giró con destreza su *kunai*. De este colgaba el muñequito rosa de un *shinobi*. ¿Cómo podía ponerle una decoración linda a un arma como el *kunai*?

Hanabi antes era ultraseria, sumamente dedicada al camino *ninja* que incluso decía que su pasatiempo era entrenar. Sin embargo, algo en ella cambió tras perder a su respetado primo, Neji Hyuga, en la Guerra Mundial Shinobi. La antigua Hanabi jamás habría pensado en decorar un *kunai* con un muñeco.

Hinata, personalmente, recibía con brazos abiertos la nueva personalidad más inocente, más como la de una niña de su edad, de Hanabi, pero el muñequito rosado era demasiado. En primer lugar, eso lo haría difícil de usar.

"Otra vez estás usando tus herramientas *ninja* como juguetes… Mi padre te regañará cuando vuelva."

"Ahora que lo mencionas, aún no se ha comunicado, ¿verdad?" Susurró Hanabi.

Su padre, Hiashi, había partido en una misión de largo tiempo, pero aun así solía ponerse en contacto. Quizá esta encomienda era de una confidencialidad altísima.

Entonces le chilló el estómago a Hinata.

"Ah."

"Te la pasaste tejiendo y no comiste nada, ¿verdad? Se reirá de ti si te ruge mientras te le confiesas."

"¡Que no confesaré nada!"

Dejando de lado si se le iba a declarar o no, Hanabi había dado en el blanco. Especialmente durante estos últimos días en que estaba cerca de terminar, no había comido nada más que *higashi*[3].

"Ya te lo dije, ¡eres muy grosera! Saldré por un rato."

---

[3] Dulces secos

"¿A confesártele?"

"¡Que no!"

Salió de la casa trotando para disimular su vergüenza.

***

"¿Se está cayendo la Luna?" Rugió el Raikage, sentado a la gran mesa redonda de una sala de juntas.

El Hokage, Kakashi Hatake, había reunido de forma urgente a los cinco Kages, los líderes de las aldeas *ninja* de los cinco reinos.

A la mesa redonda, además de Kakashi y el Raikage, se hallaban: el viejo taimado, el Tsuchikage de Iwagakure; la única mujer, la Mizukage de Kirigakure; y el joven Gaara, el Kazekage de Sunagakure. Todos ellos eran *shinobis* de enorme talento.

"Los resultados de medición muestran un claro acercamiento de la Luna a la Tierra." Contestó con tranquilidad Kakashi, quien estaba acompañado de la astrónoma de Konoha. Esta jovencita intelectual llevaba puestos un delantal y unas gafas.

"No necesito que lo midan para darme cuenta. Jamás había visto una Luna tan grande." Se rio el viejo de baja estatura, el Tsuchikage.

"¿Por eso han caído tantos meteoritos últimamente?" Preguntó Gaara.

Kakashi le cedió en ese momento la palabra a la astrónoma para que explicara:

"Cuando dos cuerpos celestes se acercan, gradualmente comienzan a verse afectados más y más por la gravedad que ejerce el otro."

"No soy muy buena con las ciencias…" Confundida, la Mizukage desvió la mirada.

Según el pronóstico de la astrónoma, cuanto más se acercase el satélite al planeta, aquel comenzaría a distorsionarse debido a la gravedad de este último, partiéndose y colapsando progresivamente desde la superficie. Dichos fragmentos se acercaban a la Tierra, la rodeaban, tal como el anillo de Saturno, y desde ahí estaban siendo atraídos hacia ella. Esto, según explicó la astrónoma, era la causa de los meteoritos recientes.

"¿Y qué sucederá al final?" Miró fijamente Gaara a la astrónoma, apresurándola a declarar la conclusión.

"Si sigue así, la Luna colapsará por completo y todos sus restos lloverán sobre la Tierra. De ocurrir, significará la extinción de la humanidad… No, de casi la totalidad de la vida en el planeta."

"¿Y ahora qué hacemos? ¿Cuál es el plan?" Interrogó el Tsuchikage a Kakashi, apuntándolo con el dedo.

"Destruiremos los pedazos de la Luna antes de que caigan al planeta."

"¡Eso no arreglará el verdadero problema! ¡Debemos frenar el acercamiento de la Luna!" Rugió fúrico el poderoso Raikage.

"Deseo hacer una pregunta… ¿Esto es un fenómeno natural? ¿O es un ataque provocado artificialmente?"

Todos se preguntaban lo mismo que la Mizukage. Los presentes fijaron su mirada en Kakashi, quien consideraba que cualquiera de las dos opciones era posible, pero no tenía idea de la realidad.

"Esa es la cosa…" Respondió vagamente Kakashi… como siempre.

4

Mientras tanto, Naruto y los demás comían *ramen* en Ichiraku. Se trataba de Ino, Sakura, Naruto, Choji y Shikamaru. Todos estaban sentados al mostrador, disfrutando al sorber el *ramen*.

El exterior estaba cubierto de nieve, pero el interior de la tienda era cálido, envuelto en vapor. Los cinco estaban engullendo en silencio su *ramen*, tan caliente que quemaba la lengua, mientras sudaban a chorros.

"Ah, cierto. No puedo ensuciarla."

Naruto se quitó la bufanda de rayas del cuello, la dobló con cuidado y la colocó debajo del mostrador. Esta bufanda era desconocida para Sakura. La que estaba tejiendo Hinata era de color rojo, pero tampoco parecía comprada de una tienda. Era claro que estaba hecha a mano.

Curiosa, Sakura le preguntó a Naruto: "Oye, Naruto, ¿esa bufanda…?"

Justo cuando apuntó hacia la bufanda debajo del mostrador e hizo la pregunta, Ino exclamó:

"¡Ah, Hinata! ¿Ya comiste? ¿No te agradaría comer con nosotros?"

Hinata, vestida en ropa de invierno y cargando una bolsa de regalo, había aparecido frente Ichiraku. Naruto también notó su presencia y la llamó:

"Hoy yo invito."

En cuanto Hinata se dio cuenta de que Naruto estaba ahí, emergió su timidez.

"P-pero…"

Sakura se levantó para cederle a Hinata el asiento al lado de Naruto.

"Anda, ven. Siéntate aquí."

"*O-okay...*"

Una vez que Hinata se sentó al lado de Naruto después de mucho vacilar, llegaron a la tienda dos de las admiradoras del héroe.

"¡Naruto-sempai! Oiga, ¿y qué le pareció mi regalo del otro día?"

"Gracias por el regalo. Ustedes también quédense a comer. Yo invito, como agradecimiento. ¡Ah! ¡Tú también pide lo que quieras, Hinata!"

"¡Graciaaas! *Sempai*, hay que comer juntos acááá!"

Las admiradoras abrazaron a Naruto de los brazos y lo jalaron hacia ellas.

Hinata, observándolos, se levantó del asiento en completo silencio.

"Perdón. En realidad, ya estoy satisfecha..."

Con remordimiento en el rostro, tomó de nuevo su bolsa e intentó retirarse.

Sakura frunció el ceño y le dijo a Naruto:

"¿Y si la acompañas?"

"¿Acompañarla? ¿A Hinata? ¿Por qué?"

"¿Eh? Pues... es peligroso que una muchacha de su edad vaya sola por la calle en la noche..."

"¿Aaah? ¡Si Hinata es fuerte! No hay nadie en esta aldea capaz de meterse con e…"

Hinata salió de la tienda, corriendo.

"¡Ay, idiota!"

Después de lanzarle una mirada penetrante a Naruto, Sakura siguió a Hinata.

"¿Y ahora qué? ¿Qué fue eso? ¿Hice algo mal?" Les preguntó Naruto a sus compañeros.

Ino, indignada, suspiró, mientras que Choji y Shikamaru siguieron comiendo su *ramen* en silencio, como si aquello acerca de lo que cuestionaba Naruto no fuera asunto suyo.

5

Sakura y Hinata caminaron juntas por la calle cubierta de nieve, con la enorme Luna creciente sobre ellas.

"En verdad es un insensible."

"…"

Hinata caminó en silencio mirando sus pies.

"Planeabas entregarle la bufanda, ¿verdad?"

Hinata asintió levemente.

"Está bien. Todo saldrá bien. ¡Cree en ti!"

"Gracias…"

Sonaron solo sus pasos sobre la nieve.

"Pero ¿por qué me apoyas tanto?"

"P-pues…"

Sakura se identificaba con Hinata al verla continuar con su único amor no correspondido desde la infancia. No podía permitirse ignorarla.

"Ja, ja, ja… Bueno, ¡ambas debemos esforzarnos!"

Le dio una leve palmada en el hombro a Hinata, con la intención de disimular.

"G-gracias…"

No supo si quedó convencida o no. Hinata hizo una reverencia frente a Sakura y se fue apresurada.

Antes de darse cuenta, ya había caído la noche. Hinata caminó desganada por la calle nevada, cargando cerca de su pecho el regalo. Entonces se dio cuenta de que había llegado a su casa.

Está bien. Todo saldrá bien. ¡Cree en ti! Recordó las palabras de Sakura.

Tiene que ser esta noche… Ya lo decidí. ¡Se la daré a Naruto-kun hoy mismo!

Decidida, Hinata dio media vuelta y regresó por donde había llegado.

Por el cielo volaban tres siluetas grandes. Eran aves monstruosas mucho más grandes que un humano. Tenían las alas y el pico de un águila y las patas y garras gruesas como las de un león: eran bestias águila.

Varios *shinobis* se lanzaron desde las espaldas de cada una de las tres bestias águila que planeaban por el cielo nocturno. Sin hacer un ruido aterrizaron en el jardín de la residencia Hyuga. Se trataba de *shinobis* misteriosos: tenían los brazos, piernas y rostros cubiertos con vendas. Se infiltraron en la residencia sin dudarlo y corrieron sigilosamente por las escaleras. Abrieron una puerta corrediza tras otra, adentrándose cada vez más. Al abrir la última, encontraron a Hanabi en guardia con un *kunai* en la mano. Del *kunai* colgaba un muñeco.

"¡¿Quiénes son?!"

Un momento después, Hanabi soltó un pequeño grito y perdió la consciencia, colapsando justo en los brazos del extraño enemigo.

***

Sai dibujó con tinta. El ex anbu era criticado a sus espaldas y llamado desalmado, pero en realidad era un hombre de gustos elegantes. Esta noche se sentía, una vez más, lleno de inspiración por el panorama nevado y la luna creciente. Pintaba sentado en el bosque de bambú.

Agudizó la mirada, observando la luna creciente a través del bosque, intentando capturar la forma del gran paisaje.

"La Luna está muy grande…"

Algo extraño entró en su campo visual.

Un grupo de *shinobis* montados en tres bestias águila volaban a baja altura por encima de la nieve. Estos tenían las caras cubiertas por vendas y uno de ellos cargaba una niña sobre su hombro. Ella permanecía inmóvil; no parecía estar consciente.

"No puedo desentenderme de ninguna forma de esto… ¡Ninpou: Choju Giga![4]"

Dibujó ágilmente un ave en su pergamino y esta se materializó, salió de ahí y comenzó a aletear. Sai subió en ella de un brinco y se elevaron al cielo para perseguir a las bestias águila.

Los *shinobis* vendados, al percatarse de esto, giraron los cuellos de las bestias águila y huyeron hacia el bosque de árboles gigantes donde volaron a gran velocidad.

---

[4] "Imitación de Imagen de Súper Bestias"

Sai persiguió a las bestias águila, esquivando los árboles que se aproximaban desde ambos lados, pero el *shinobi* vendado de adelante le arrojó burbujas brillantes. Estas se reventaron al chocar y quebraron los enormes árboles.

Sai continuó la persecución mientras esquivaba las burbujas y los árboles que caían. Aceleró y se aproximó al enemigo. Llegó lo suficientemente cerca para reconocer el rostro de la niña.

"¿Hanabi-chan?"

En ese momento, una burbuja se acercó y estalló, rompiendo el ala de su ave de tinta y haciéndola disminuir su velocidad considerablemente.

"Una vez más… ¡Ninpou: Choju Giga!"

Dibujó con agilidad una nueva ave de tinta, pero cuando intentó montarla, se acercó una burbuja del enemigo.

"¡Oh, no!"

Intentó esquivar la burbuja y ambas aves chocaron con un árbol gigante. Sai cayó sobre la nieve y no pudo moverse durante un breve instante. Por fin logró dirigir su vista al cielo. Ahí estaba la luna creciente, demasiado grande para ser verdad. Sai, aún inexpresivo, soltó un gran suspiro.

***

"¡Naruto-kun! Hasta el día de hoy, yo no he podido hacer nada más que verte desde lejos. Pero de ahora en adelante, quiero estar a tu lado por siempre. ¡Toma esta bufanda que tejí con el corazón, como muestra de mis sentimientos!"

Hinata inclinó la cabeza y extendió las manos para entregar el regalo. No sonó un solo ruido en la nevada zona residencial.

"Fuuuh…" Hinata soltó un gran suspiro.

Se encontraba frente a la casa de Naruto, practicando la entrega del regalo. La habi-tación de Naruto continuaba oscura. Parecía que aún no había regresado.

En cuanto tomó un respiro para volver a practicar una vez más, sintió la presencia de alguien a sus espaldas.

"¿Hm? ¿Hinata?"

Y-ya llegó… ¿Qué hago? ¿Qué hago?

Sus rodillas comenzaron a temblar, pero no tenía más remedio que armarse de valor en ese mismo momento.

"Este…"

Hinata dirigió su mirada a Naruto. Lo primero que vio fue su cuello: ya tenía puesta una bufanda de rayas.

¡Ah!

Hinata había tejido la suya con lana roja para que resaltara el cabello rubio de Naruto, mientras que la que él vestía era gris con rayas blancas, sin embargo, lucía muchísimo mejor lograda.

"¿Qué ocurre, Hinata?"

"Q-qué bonita está tu bufanda."

"¿Sí? La tejieron para mí… Está supercalientita." Contestó Naruto con alegría.

Entonces…

Grrr.

Rugió el estómago de Hinata. *Ni siquiera siento hambre… Con seguridad es obra de una deidad malvada que está burlándose de mí.* Ya le habían ganado en entregarle una bufanda y ahora le había rugido el estómago frente a él: este momento no podía ser más humillante.

"Ah, conque sí tenías hambre. Tengo *ramen* instantáneo en mi casa…"

"Buenas noches." Dijo Hinata, interrumpiendo a Naruto, hizo una reverencia y partió.

"¿No viniste a decirme algo? ¡Oye, Hinata! ¡Hinata!"

"…"

Ella siguió caminando sin mirar atrás. Tenía los ojos llorosos de la vergüenza.

6

Hinata estaba sentada en el columpio del parque, sola. Miró la bufanda roja sobre sus piernas y recordó lo que acababa de suceder.

La tejieron para mí… Está supercalientita. Naruto había dicho eso con felicidad mientras tocaba la bufanda rayada que tenía en el cuello.

¿Se la regaló alguien?

Naruto tenía muchas admiradoras. Seguramente había recibido un montón de regalos. No sería raro que entre estos hubiera bufandas y guantes. Definitivamente la bufanda que traía puesta era uno de ellos.

Me alegro por ti, Naruto-kun…

Intentó pensarlo de manera positiva, pero, por alguna razón, las lágrimas seguían cayendo sobre la bufanda en sus piernas.

"¿Por qué lloras? Mancharás tu bufanda."

Hinata, sorprendida, volteó al escuchar la repentina voz y encontró ahí a un muchacho. Tenía un terso cabello plateado. Vestía de blanco, envuelto por un *kasaya*[5]. Era muy apuesto. Por alguna razón, tenía ambos ojos cerrados.

"¿Ya no la quieres? Entonces dámela a mí."

---

[5] Ropaje de los monjes budistas

Hinata, instintivamente, asió con fuerza la bufanda.

"¿Quién eres?"

"Soy Toneri… Vine por ti." Aseguró el joven actuando como si fuera capaz de ver a Hinata a pesar de tener los ojos cerrados.

"…"

Hinata no quería verse involucrada con él. Se levantó e intentó retirarse, pero alguien, desde atrás, la sostuvo del hombro. Ella tragó saliva.

Volteó la mirada y encontró detrás de ella a un hombre misterioso, de una estatura de más de dos metros. Vestía un manto largo y tenía la mitad inferior de la cara cubierta con vendas.

"¡!"

Dos hombres la rodearon. Toneri dio un paso hacia ella.

***

Naruto buscaba a Hinata. Ella había estado algo extraña ese día. Sakura también se veía inexplicablemente alterada cuando Hinata fue a Ichiraku. Y su comportamiento durante su visita fue peculiar.

Al pasar frente al parque, escuchó el grito de una mujer; se detuvo. Miró hacia la dirección por donde provenía la voz y encontró a Hinata enfrentándose a un hombre de

complexión grande. Otro hombre, más joven, sacó una burbuja resplandeciente y, de pronto, Hinata dejó de moverse.

"¡¡Maldito!! ¡¿Qué estás haciéndole a Hinata?!" Gritó Naruto y se lanzó tras ellos.

Primero intentó atacar al joven de la burbuja, pero desapareció de repente. Habiendo perdido su objetivo, Naruto corrió unos pasos de más. Pisó con firmeza y viró con agilidad. El hombre alto estaba en el aire, cargando a Hinata con una mano.

¿Q-quién demonios es ese sujeto?

Aparecieron varios *shinobis* de entre los juegos y árboles circundantes, quienes empezaron a atacar a Naruto. Con la mano extendida rechazó el *kunai* que le lanzaron por la derecha y con el dorso del puño golpeó al enemigo en la nariz. Estos individuos también llevaban las caras cubiertas con vendas. Esquivó la patada que le tiraron desde la izquierda, se desplazó hacia la espalda del enemigo y lo golpeó en la nuca con el codo izquierdo. Este se desplomó. Los sujetos eran numerosos, pero no tenían el taijutsu para ser formidables. Empero, no podría seguir al sujeto alto y a Hinata si permanecía ahí. Naruto hizo un sello manual.

"¡Kage Bunshin![6]"

---

[6] "Multiclones de Sombras"

Dejó que los clones se encargaran de los enemigos menores y saltó para perseguir al grande brincando de techo en techo. Lanzando patadas giratorias, tiró al piso a los *shinobis* que aún lo seguían. Miró hacia arriba y encontró en el cielo a más de diez enemigos.

¿Cuántos de ellos hay?

Los *shinobis* descendieron todos a la vez para atacarlo.

"¡Rasen Shuriken![7]"

Las cuatro afiladas hojas que se proyectaron del Rasengan[8] comenzaron a girar a alta velocidad. Naruto saltó para recibir al enemigo y lanzó el ataque.

¡Swooosh!

El Rasen Shuriken voló en trayectoria de arco y partió por la mitad enemigo tras enemigo mientras que Naruto continuó persiguiendo al tipo alto. Fue subiendo cada vez más, brincando a techos cada vez más elevados. Aterrizó en uno empinado y perdió el equilibrio momentáneamente. Esta era una de las torres de agua más prominentes de Konoha.

La defensa de Naruto mostró una pequeña apertura. Volteó al sentir la hostilidad y encontró al enemigo en un techo elevado, cargando a Hinata con una mano, mientras

---

[7] "Shuriken Espiral"
[8] "Esfera Giratoria"

que con la otra creaba una esfera brillante que en ese momento le apuntaba directamente.

"¡Mierda!"

Instintivamente giró su cuerpo. La burbuja estalló a sus pies y el impacto lo sacó volando, tirándolo del techo. Mientras caía, lanzó un *shuriken* que cortó una pierna del tipo alto, el cual tropezó y dejó caer a Hinata. La joven, inconsciente, rodó por el gran techo inclinado. No se salvaría si caía desde esa altura.

Por fortuna, la bufanda que llevaba en las manos se atoró en un pedazo de metal que sobresalía y se extendió.

"¡Hinataaa!"

La chica por fin despertó al escuchar el grito de Naruto y por un breve instante alcanzó a sujetarse de la bufanda, misma que se extendió al sostener su peso. Apenas se detuvo antes de desgarrarse.

"¡Hinata! ¡No te sueltes!"

Corrió por el techo inclinado.

El sujeto alto lanzó varias burbujas, con el propósito de detener a Naruto. Las esferas chocaron una tras otra a su alrededor, estallando. No podía avanzar.

"¡Uryaaa! ¡Rasengan!"

Naruto, evadiendo los ataques, clavó el Rasengan directamente en el hombre, mismo que quedó pulverizado. Ahora necesitaba ir por Hinata. ¡Tenía que salvarla!

La bufanda que la sostenía también había llegado a su límite; fue entonces cuando a Hinata se le resbaló de la mano y cayó del alero.

"¡Hinataaa!"

Naruto corrió por el gran tejado. El sonido que producían sus pasos en las tejas era fuerte y agudo. Se zambulló en el alero y, justo antes de impactarse contra el piso, sujetó con firmeza a Hinata.

La bufanda roja de Hinata estaba estirada y gastada.

"Tu bufanda se estropeó…"

"Sí…" Asintió Hinata con tristeza en el rostro.

De pronto, Toneri apareció frente a ellos. Seguía con los ojos cerrados.

"Se acerca el día del fin… Antes de que llegue…"

"¡Maldito!"

Naruto le lanzó un golpe, pero Toneri se esfumó y pronto reapareció arriba, en los aires. Era como si se tratara de un holograma.

"Hinata… Volveré por ti."

Dejando esa declaración atrás, Toneri se desvaneció y una fuerte luz iluminó los rostros de Naruto y Hinata.

"¿Qué es eso?"

Desprendiendo una potente onda expansiva, un meteorito ardiendo al rojo cruzó el cielo nocturno en una línea recta. Mientras ambos miraban pasmados el firmamento, a lo lejos retumbó el sonido de una fuerte explosión. El pilar de fuego surgido en el horizonte iluminó nuevamente sus rostros.

7

A la mañana siguiente, en las afueras de la aldea Konoha, un cráter gigantesco se había abierto a la mitad del campo. Rock Lee y Tenten, quienes habían acudido al sitio para investigar, lo observaron.

"Hmmm… ¡No se puede subestimar el poder destructivo de un meteorito!"

"No quiero ni pensar en lo que sucedería si uno como este cayera en el centro de la aldea."

"¡Si eso llegara a ocurrir, nosotros tendremos que proteger la aldea!"

Lee apretó los puños, lleno de fervor.

"Su misión es rescatar a Hanabi Hyuga. Shikamaru será el comandante del cuarteto. También se unirá Hinata al equipo, a petición de ella."

Kakashi les dio las órdenes a los cinco formados frente el escritorio del Hokage. Detrás de Kakashi se encontraban Kotetsu, Izumo y la astrónoma.

Uno normalmente no enviaría a este grupo…

Shikamaru, notando algo anómalo en la selección del equipo, chasqueó la lengua internamente.

A él siempre le asignaban misiones fastidiosas como esta. También entendía que eligieran a Sai, pues tenía experiencia de combate. No podía faltar Sakura, pues Hanabi podría estar herida y se requería de su ninjutsu médico. El problema eran Naruto y Hinata.

¿Por qué los acompañaba la hermana de la víctima a esta misión que necesitaba de calma y, dependiendo del caso, insensibilidad?

Además de eso, la Luna se aproximaba a la Tierra y la aldea estaba amenazada por una lluvia de meteoritos. Naruto, como héroe de la Guerra Mundial Shinobi y aquel con el mayor *chakra*, debería permanecer en ella.

¿Qué está pensando Kakashi-san? Dirigió su mirada a él y notó que él también lo observaba.

"Shikamaru, extiende tu mano."

Abrió la mano tal como le indicó y la astrónoma hizo un sello manual. Entonces apareció un pequeño círculo con letras grabadas en la palma de Shikamaru.

"Es un reloj de muy alta confidencialidad que tienen los cinco Kages." Kakashi le mostró la palma, mostrándole que él tenía uno igual.

"¿Qué hora señala esta cosa?"

Naruto, husmeando, miró la palma de Shikamaru.

"Es el límite temporal antes del aniquilamiento de la Tierra." Aseveró Kakashi con calma.

El reloj mostraba el límite hasta el cual podría resistir el planeta la aproximación de la Luna.

"No lo entiendo…" Habló por fin Shikamaru, observando el reloj en su palma.

"No necesitamos esta cosa para salvar a Hanabi, ¿o sí?"

"Es posible que Toneri, el secuestrador de Hanabi, sea quien esté moviendo la Luna."

"¿Tiene algún fundamento para esa conclusión?" Preguntó Sai.

"Es mi intuición. Su misión principal solo es salvar a Hanabi. Pero, dependiendo de cómo resulte, quizá tengan que cumplir dos misiones a la vez."

"¿Dos misiones?" Sakura miró a Kakashi con angustia.

"Simplemente me refiero a que sería bueno que recuperen a Hanabi y de paso salven la Tierra."

"Salvar la... ¿No le parece muy exagerado ese 'de paso'?" Comentó Sai, inexpresivo.

"¡Yo me encargo de las misiones, ya sean dos o tres!" Naruto golpeó su pecho con energía.

Ya veo... No se puede subestimar al Sexto. Aquel recelo que abrigaba Shikamaru hacia Kakashi se esfumó.

El Hokage decía que era su "intuición", pero seguramente tenía evidencias más claras. Kakashi tenía por sentado que la aproximación de la Luna estaba de alguna manera relacionada con el secuestro de Hanabi, por eso había agregado a Naruto, el más fuerte, al grupo.

Hinata también era objetivo del enemigo: estuvieron igualmente a punto de secuestrarla. Con ella acompañándolos, el enemigo podría movilizarse e intentar entrar en contacto con el grupo.

O sea... que es carnada...

Shikamaru sintió escalofríos al descubrir la decisión cruel que Kakashi tomó como Hokage.

Cada aldea de cada reino preparó tropas de defensa antiaérea minuciosamente, para reducir los daños causados por los meteoritos. Pero tanto sus ataques como sus defensas dependían del elemento humano. Más allá de cualquier equipo antiaéreo de punta, lo más importante era la unión.

El líder de cada aldea había reunido a los miembros de las tropas para convencerlos y motivarlos a pelear dando su mejor esfuerzo.

En la aldea de Kumogakure, el Raikage rugió acompañado de Killer B: "¡Escuchen todos! ¡Pronto caerá una lluvia de meteoritos sobre la Tierra!" En Iwagakure, el Tsuchikage les advirtió a las tropas mientras meditaba para formar *chakra*: "¡Destrúyanlos todos! ¡No dejen una sola triza!" La Mizukage, en Kirigakure los impulsaba a prepararse entre la lluvia: "¡Vuelvan a pulir sus *kunai* oxidados!" El usualmente reservado Gaara daba un discurso ferviente en Sunagakure, en compañía de Temari y Kankuro: "La Tierra no tendrá futuro si caen esos meteoritos… ¡Si anhelan un mañana, luchen hoy!"

Kakashi había reunido a sus tropas en la plaza frente la Roca Hokage. Entre las partidas formadas estaban Yamato, Kiba, Choji, Lee y Tenten.

"¡Pelearemos esta batalla a fin de proteger la Tierra, el reino, a nuestras familias y amigos… y el futuro!"

"¡Oooh!"

Las tropas gritaron con vigor, mostrando su intención de pelear al lado del Hokage.

***

En un lugar distante sobre sus cabezas, en el espacio, una enorme roca comenzó a descender sobre la Tierra.

Capítulo segundo
Road to Hanabi*

* En inglés, "Hacia Hanabi"

1

Un meteorito pasó por encima de Shikamaru con un estruendo y desapareció más allá de la cordillera dejando atrás una estela. Luego de un tiempo sonó una explosión y apareció una nube gigante en forma de hongo. ¿Cuántas pérdidas habrán sucedido debajo de ese siniestro cúmulo?

Shikamaru abrió la mano y revisó de nuevo el reloj en su palma. Este le anunciaba que era escaso el tiempo antes del fin de la humanidad. Estaban en el cielo del bosque donde Sai había perdido de vista a Hanabi y al enemigo.

Hanabi era una *shinobi* en entrenamiento. Quizá había dejado alguna pista atrás. El grupo montaba aves de tinta creadas por Sai y exploraba ante esa posibilidad.

Sai, Shikamaru y Sakura estaban solos cada uno en un ave, mientras que Naruto y Hinata compartían otra. La chica casi había sido secuestrada por el enemigo. Como precaución, la asignaron a estar al lado de Naruto, el más fuerte del equipo.

La bufanda de Naruto ondeó con el frío viento del cielo. Detrás de él, Hinata exploraba la tierra con su Byakugan.

"¡!"

Encontró entonces algo fuera de lugar entre la nieve del bosque. Alcanzó a ver el mango de un *kunai* sobresaliendo entre el blancor. Apresurada, le dio unas palmadas en el

hombro a Naruto y le indicó que descendiera. La joven bajó del ave en cuanto aterrizaron y sacó el *kunai* de la nieve. Tenía amarrado un muñeco rosado.

"Es el *kunai* de Hanabi."

"Quizá lo tiró a propósito esperando que lo notaras."

Hinata observó el arma con su Byakugan y, aunque tenue, percibió el *chakra* de Hanabi en ella. Siguió el rastro del *chakra* que se extendía hacia las profundidades del bosque y, mirando todavía más allá con su Byakugan, halló la entrada de una cueva a lo lejos, rumbo al noroeste.

"Hay una cueva profunda… Llega hasta el fondo de la tierra… Hay un manantial que brilla."

"Vamos para allá." Dijo Shikamaru, ya detrás de ellos.

***

En el cuarto de cierto castillo aislado…

Hanabi dormía en la cama de una habitación lujosa. Un joven apuesto de cabello plateado abrió la puerta en silencio y entró. Era Toneri. Sus párpados continuaban abajo. Colocó ambas manos sobre los ojos de Hanabi e intentó percibir algo.

"Excelente. Este es un verdadero Kekkei Genkai… ¡Es el Byakugan puro y fresco de una Hyuga!"

Toneri, incapaz de contener su alegría, abrió los ojos. En ninguna de sus dos órbitas tenía globos oculares.

2

La entrada a la cueva estaba escondida entre la vegetación del bosque. Shikamaru y los demás avanzaron con precaución, observando sus oscuros alrededores. No parecía haber señal del enemigo. Siguieron al fondo hasta llegar a una cueva kárstica[1] enorme. Miraron a lo alto y encontraron grandes caracteres *shinobi* en el techo.

"Parece decir 'aún'." Le dijo Sai a Shikamaru.

"Tal vez tenga el significado de 'aquí comienza'."

Había un manantial de agua clara tan profundo que no se alcanzaba a distinguir el fondo. Ni siquiera Hinata podía verlo con el Byakugan. Decía que el campo visual se distorsionaba al mirar a través de él.

El manantial estaba al fondo de la cueva; no había otro camino que se internara más.

"Oye, Shikamaru, ¿acaso nos sumergiremos en este manantial?" Naruto estaba inusualmente preocupado.

"Sí, eso haremos."

---

[1] Formación caliza producida por la acción del agua

"Nos mojaremos."

"Pues sí."

"¡Nada de 'pues sí'!"

Naruto, apurado, se quitó la bufanda y comenzó a guardarla en su mochila.

"¡Qué importa si se te moja la bufanda! Llorón…"

"¡Es importante para mí!" Naruto miró irritado a Sakura después de recibir la burla. Por su parte, Hinata desvió la mirada.

"Parece que no necesitas quitártela." Dijo Sai, metiendo la mano en el agua.

"Esta agua no moja."

El escuadrón de Shikamaru nadó entre la oscuridad. Había residuos de microorganismos flotando: parecía nevar bajo el agua. Aparentemente, había bichos luminiscentes, pues algunos centelleaban. Más allá de la tenue luz, al fondo del agua, se veía una oscilación parecida a la de la superficie acuática. Al acercarse, descubrieron que, en efecto, eso era: en el fondo estaba la superficie del agua.

¿Sería una trampa? Aun así, no tenían otra opción más que seguir adelante.

Naruto y los demás se miraron unos a otros y cruzaron el fondo acuático. Un instante después, los cinco cayeron entre la oscuridad, clamando con sorpresa ante el incomprensible suceso.

El espacio era como un cilindro rodeado por paredes de piedra. La caída continuaba, pero como estaba totalmente oscuro, no sabían qué dirección era cuál. Ignoraban igualmente hasta cuándo seguirían cayendo.

Distinguieron una luz abajo. Se acercaba cada vez más. La luminosidad provenía de una burbuja gigante.

"¡Chocaremos!"

La burbuja se reventó. Todos se apresuraron a proteger sus ojos instintivamente.

Al abrir los ojos, Naruto se encontraba en el salón de la academia *ninja*. Había regresado a su cuerpo infantil. El salón de clases lo puso nostálgico.

Tanto Sakura como Choji y Shikamaru se veían igual que aquella vez.

¡Sakura-chan empequeñeció!

En eso, Iruka-sensei comenzó a hablar: "Si el mundo fuera a acabarse mañana, ¿con quién querrían pasar su último día en la Tierra?"

"¡El mundo no se acabará!" Naruto replicó de la misma manera que en ese entonces.

¿Huh? Siento haber dicho eso antes...

"¿Qué tal... si fuera a caerse la Luna?"

"Si de todas formas el mundo se terminará, preferiría que en vez de la Luna cayera un montón de carne."

Toda la clase rio al escuchar a Choji.

"Ja, ja. Imposible. Nunca se caería la..." Shikamaru sacó la cara por la ventana, vio el cielo y, de pronto, palideció.

"¡L-la la Lunaaa!"

Del otro lado de la ventana, una luna de unos 500 metros de diámetro estaba cayendo.

"¡Uwaaa!"

El salón entró en pánico. Un instante después, la Luna había caído y la escuela estaba en ruinas. Había una tormenta de arena. Naruto comenzó a toser y cerró los ojos.

¿Esto es un sueño? ¿Acaso volví al pasado? No, esto no es el pasado... ¡La Luna nunca se cayó!

Abrió los ojos y se vio a sí mismo en una palestra. Sus compañeros lo observaban desde lejos alrededor.

"¿Eh?"

Estaba más alto que hacía unos momentos, y enfrente tenía nada menos que a… ¡Kiba Inuzuka!

"¡Prepárate, Naruto!"

Además, Kiba tenía toda la intención de pelear contra él.

Esto es… ¡¿e-el examen chunin?!

"¡Kiba! ¡Espera!"

"¡Tarado! ¡¿Quién te va a esperar en una batalla real?! ¡Giju Ninpou![2] ¡Jutsu Shikyaku![3]"

Kiba se puso en cuatro patas y se lanzó al ataque con un impulso violento.

"¡Agh! ¡Que te esperes!"

Naruto salió corriendo y se estrelló contra una pared, pero no sintió el impacto. Había atravesado hacia el otro lado del muro. Ahí encontró… a Pain.

¿A-ahora salió Pain?

"¡Bansho Tenin![4]"

De pronto, Pain realizó un sello manual, atrajo a Naruto, lo sujetó y lo azotó contra el piso. Encima de eso, lo atravesó con unas barras negras.

---

[2] "Imitación de Bestia"
[3] "De Cuatro Patas"
[4] "Atracción Divina de la Creación Entera"

"¡Gwah!"

Entonces apareció Hinata y protegió a Naruto de su enemigo mientras no podía moverse.

"¡No te dejaré que sigas dañando a Naruto-kun!"

"H-Hinata… ¡¿Qué diablos haces aquí?!"

"¡Si es para salvarte, no me da miedo morir! ¡Porque yo… te amo, Naruto-kun!"

H-Hinata… No puedes derrotarlo… ¡Así solo terminaremos muertos ambos!

El espacio dentro de la burbuja gigante carecía de gravedad. Los cinco miembros del escuadrón de Shikamaru flotaban dormidos.

Esta sensación de sueño no es normal… ¡Debe ser obra de un jutsu!

Solo Sakura estaba haciendo lo posible por resistirse y no dormir, pero sus párpados comenzaron a cerrarse con toda naturalidad.

"¿S-Sasuke-kun…?" Susurró con los ojos cerrados.

Frente a Sakura estaba Sasuke, sonriendo amigablemente.

"¡Eres tú, Sasuke-kun!"

Sasuke la llamó con la mano y ella intentó correr hacia él, pero se detuvo y sacudió la cabeza.

¡No! ¡Esto no está bien! ¡Él no es Sasuke-kun!

Por un momento, el paisaje circundante se distorsionó.

Esto solo es un sueño… ¡Es un genjutsu!

Aparecieron Sasuke, Naruto, Ino y Tsunade rodeando a Sakura como si estuvieran poniéndola a prueba. El enemigo podía controlar el *chakra* en su cabeza mientras estuviera bajo el efecto de su genjutsu. Pero la *ninja* médica, aunque a duras penas, mantenía la consciencia. Tiempo atrás, Kakashi le había dicho que era de tipo genjutsu.

La forma que le enseñó su maestro para deshacerse de un genjutsu era…

Primero, detener el flujo de chakra *por un momento. ¡Tengo que recuperar mi* chakra*!*

Se deshizo de los pensamientos innecesarios de su cabeza, la dejó vacía y se sentó a meditar. El flujo de *chakra* se detuvo y, al instante, la ilusión de Sasuke y los demás desapareció.

Dentro de la burbuja gigante, Sakura abrió desesperadamente los ojos.

"¡Oigan, todos, despierten! ¡Esto es un genjutsu!"

A su lado estaban sus compañeros, flotando dormidos.

"¡Escuchen, por favor! ¡Despierten!" Sakura gritó, pero nadie despertó.

Naruto y Hinata dormían con sus frentes tocándose.

Hinata se dio la vuelta, aún dormida. De su mochila salió la bufanda roja y esta se enredó en el brazo de Naruto.

Naruto estaba de vuelta en la clase de Iruka.

"¿Entendieron? Es el último día de la Tierra. Si mañana fuera a acabarse el mundo, ¿con quién querrían pasar el día? ¡Escriban el nombre de esa persona!"

Los alumnos comenzaron a escribir. Naruto se asomó a ver qué escribían los demás.

Sakura escribió "Sasuke-kun".

¡Carajo! ¡Conque sí puso eso!

De pronto, miró a Hinata. Vio lo que ella había escrito: "Naruto Uzumaki".

¿Eh? ¿Por qué yo?

Naruto se puso a pensar.

Sakura-chan escribió el nombre de Sasuke. A Sakura-chan le gusta Sasuke, así que… ¿Entonces? ¿Hinata? ¿Eh?

Hinata lo volteó a ver y sonrió.

"¿Eh?"

De pronto, volvió a estar en la batalla contra Pain.

Hinata se enfrentaba a Pain, cubriendo a un Naruto herido.

"¡Si es para salvarte, no me da miedo morir! ¡Porque yo… te amo, Naruto-kun!"

¿Me ama? Amar… ¿Qué quiso decir con eso? Veamos, algo que yo amo… el ramen…

"¡Te amo, Naruto-kun!"

¡No! ¡Eso no es a lo que se refería Hinata!

Ella continuó lanzando su Juho Soshiken[5], pero Pain la derribó brutalmente con su Shinra Tensei[6].

"¡H-Hinata!"

En un momento, todos los recuerdos que tenía Naruto acerca de Hinata pasaron frente a sus ojos.

Significa que Hinata me… O sea que yo… le-le-le…

"¡Naruto! ¡Despierta!" Era la voz de Sakura que lo llamaba desde algún lugar.

"¿Sakura-chan?"

---

[5] "Paso Suave: Puños Gemelos de León"
[6] "Juicio Divino"

Miró a su alrededor y, desde la lejanía del campo de batalla humeante, Sakura fue corriendo…

Naruto recibió una fuerte bofetada.

"¡Aaayyy!"

"¡Esto es un genjutsu! ¡Un espacio ilusorio! ¡No es real!" Dijo Sakura mientras le enviaba *chakra* a Naruto.

Aún no volvían todos sus sentidos, pero notó que habían estado durmiendo dentro de una burbuja gigante. Naruto, modorro, miró hacia arriba. A su lado estaban Shikamaru, Sai y Hinata, observándolo con preocupación.

"Por fin despertaste." Exclamó la médica con alivio.

3

Luego de escapar de la burbuja del genjutsu, el grupo de Shikamaru continuó descendiendo lentamente entre la oscuridad. Alrededor había varias esferas flotando. Examinadas de cerca, parecía que había de dos tipos. Uno era como la burbuja brillante contra la que chocaron; estas mostraban recuerdos del pasado en su superficie. Eran las que los arrastraban al genjutsu al entrar en contacto con ellas. El otro tipo parecían bolas de arena y no hacían nada al tocarlas.

Naruto y los otros fueron descendiendo, utilizando las estructuras de arena como puntos de apoyo, mientras esquivaban las burbujas.

"Te encierran en el mundo de los recuerdos con un genjutsu… Es como una prisión hecha de memorias." Explicó Shikamaru mientras bajaban.

La existencia de estas trampas de genjutsu era la prueba de que había algo allende toda esa oscuridad. Entre tanto, Naruto pensaba en algo totalmente distinto.

Si eso era un genjutsu… ¿entonces qué fue eso con Hinata? ¿Recuerdos míos? No, no eran simples recuerdos… Parecía como si estos se mezclaran con un sueño… Entonces a mí también… Hinata me…

Se enrojeció. Vio de reojo a Hinata. Ella pateó una de las bolas de arena para saltar. Shikamaru se detuvo encima de una grande. Todos se pararon en la misma esfera. Abajo, a lo lejos, se veía otra vez la superficie del agua.

"Hinata, ¿cuál es la situación?"

Recibiendo la indicación de Shikamaru, Hinata usó el Byakugan para indagar a través de la superficie del agua, pero su visión se distorsionaba en ella.

"Es posible que el enemigo se encuentre esperando del otro lado… ¡Adopten la posición de combate!"

Uno tras otro siguieron la orden de Shikamaru y se precipitaron al agua. No obstante, Naruto vaciló encima de la esfera. Al verlo, Hinata también se detuvo.

"¿Qué tienes, Naruto-kun?"

"Oye… con respecto de lo que sucedió dentro de esa burbuja rara…"

"¿Sí?"

Naruto se quedó mirándola en silencio por un momento.

"No, no es nada. Perdón. Vamos."

Después de decir eso, se lanzó al agua.

"¿?"

En cuanto intentó seguir a Naruto…

"Hinata…"

"¡!"

Sorprendida por el llamado, volteó y encontró a un hombre ahí parado. Hinata instintivamente sacó un *kunai*.

"Dije que iría por ti. No esperaba que fueras a venir voluntariamente… pero me alegra."

Era el responsable del secuestro de Hanabi. El tipo que también intentó retenerla a ella mientras mantenía una expresión amigable… Su enemigo: Toneri.

"¿Dónde está Hanabi?"

"No te preocupes… Está durmiendo tranquilamente en mi castillo."

"¡Devuélvemela!"

"Eso depende exclusivamente de tu respuesta… Princesa del Byakugan."

"¿Princesa del Byakugan?"

"Hinata… ¡cásate conmigo!"

"¿C-casarme contigo?"

Naruto, nadando detrás de Shikamaru, miró atrás. No venía Hinata. Este era territorio enemigo. No sabían qué podría suceder. Naruto se dio la vuelta para ir por ella. Sacó la cabeza del agua y la encontró haciendo frente a Toneri sobre la bola de arena.

Otra vez ese sujeto…

Hinata tenía un *kunai* en la mano. El lugar estaba oscuro, pero parecía que ella estaba pálida.

"¡Este es el destino!" Después de decir eso, Toneri dio un paso hacia ella.

Naruto salió del agua de un brinco. Se interpuso entre ambos, dándole la espalda a su compañera.

"¡Hinata!"

"¡Naruto-kun!"

"¡No le pongas un dedo encima a Hinata! ¡Regrésanos a Hanabi de una vez, maldito!"

"Ja. Otra vez tú…"

Naruto se enojó al escuchar su risa burlona.

"Imbécil… ¡de verdad me enfadas!"

Fúrico, le lanzó un golpe. Toneri lo esquivó y brincó hacia otra esfera, pero no era tan rápido. Naruto leyó sus movimientos y cerró la distancia de nuevo en seguida.

El enemigo recibió el golpe de Naruto, salió volando y se impactó contra la piedra que rodeaba el lugar. Pero Naruto sintió que algo no estaba bien. La sensación fue más parecida a si hubiera golpeado una cosa que a una persona. Toneri se levantó torpemente.

Sus articulaciones temblaban… ¡Era una marioneta!

"¿Un títere?"

En ese momento, la boca de la marioneta rota comenzó a moverse.

"Naruto, tu puño… jamás… me alcanzará… Nunca…" Después de decir eso, la figurilla cayó, como si le hubieran cortado los hilos.

"¡Déjate de estupideces! ¡Si tan seguro estás de que jamás podré golpearte, deja de esconderte detrás de tus títeres y pelea de frente!"

Naruto rugió a la oscuridad.

El grupo liderado por Shikamaru debajo del agua alcanzó a ver la superficie. Los tres sacaron las cabezas de aquel manto acuífero y encontraron una cueva kárstica con una estructura parecida a la anterior.

Salieron del agua y, cubriendo cada uno las espaldas del otro, vigilaron sus alrededores.

"¿Qué es este lugar?"

Sobre la tierra había un sinfín de burbujas y bolas de arena. Quizá aquí era donde se creaban las esferas.

"¿Y Naruto?"

"No sé. Me estaba siguiendo bajo el agua…"

"Esto me da mala espina. Sospecho que alguien nos está vigilando…"

Más allá de la oscuridad se adivinaba la presencia de alguien. Dos ojos grandes brillaron.

"¡Prepárense para la batalla!"

Shikamaru sacó un *kunai* y adoptó la posición de combate. Había aparecido un monstruo cangrejo descomunal.

"¡¿Un cangrejo?!"

De su caparazón, rugoso como roca, salían varias espinas largas y afiladas. Su pinza derecha era diez veces más grande que la izquierda: parecía capaz de cortar un árbol gigante en un abrir y cerrar de ojos. Además, lanzaba burbujas. Un gran número de esferas volaron hacia los tres.

"¡Sepárense!"

Siguieron la orden de Shikamaru y esquivaron el primer ataque del cangrejo.

"¡Tengan cuidado con las burbujas! ¡Volverán a caer en el genjutsu!"

Ya era seguro que el enemigo de esta misión era un *shinobi* capaz de usar estas burbujas.

O sea… ¿Awaton?[7]

Mientras Shikamaru pensaba eso, Sai abrió su pergamino y dibujó con destreza.

"¡Choju Giga!"

Los tres leones que aparecieron se lanzaron a la barriga del cangrejo, pero este los cortó con sus pinzas uno tras otro con facilidad.

"¡Fujin, Raijin![8]"

---

[7] "Elemento Burbuja"
[8] Dioses del viento y del fuego, respectivamente

En ese momento aparecieron dos representaciones de dioses y atacaron al cangrejo. Sus fuerzas chocaron.

Los dioses asieron al cangrejo de las patas y lo lanzaron hacia arriba. El crustáceo se impactó contra el techo, abriendo un hoyo en este. Una luz penetró entonces por el agujero y, al ver que se creaban sombras, Shikamaru ejecutó un sello manual.

"¡Ninpou: Kagenui![9]"

Envolvió al cangrejo en varias capas de sombras y detuvo sus movimientos.

"¡Sakura!"

"¡Shaaaaaaaannaroooooo!"

Sakura se abalanzó hacia el cangrejo y le lanzó su puño de fuerza sobrehumana.

Shikamaru, Sai y Sakura observaron el cadáver del cangrejo gigante.

"Eso fue increíble…"

"S-sí…"

Los dos varones, habiendo corroborado una vez más la fuerza sobrenatural de Sakura, estaban completamente

---

[9] "Costura de Sombra"

aterrados. Justo en ese momento, Naruto y Hinata emergieron del manantial de un salto.

"¡Llegas tarde, Naruto!"

"No te enojes… ¡Le di un buen golpe al jefe enemigo!"

"¿Cómo era?"

"Bueno… solo era una marioneta." Contestó Naruto en voz baja.

"¿Marioneta?"

"Sí. Dijo que el verdadero Toneri era más fuerte y jamás podría golpearlo… ¡pero solo estaba frustrado por perder!"

"¿Eso fue todo?"

"¡Sí, eso fue todo!"

Aún faltaba información, pero Shikamaru intentó formular una deducción.

El gran enemigo que secuestró a Hanabi, intentó retener a Hinata y controlaba burbujas y marionetas…

¿O sea que necesita a las Hyuga vivas? Si las desea con vida, me imagino que ambiciona el Byakugan … ¿Piensa hacerlas buscar algo?

Y algo más, ¿por qué razón el enemigo tan solo usaba marionetas y hologramas? Toneri leía sus movimientos.

Siendo así, le serviría mejor enviar algo más poderoso, en lugar de títeres y cangrejos.

"¿No será que son pocos enemigos y dependen de las marionetas para armar sus fuerzas?"

"Tal vez haya una razón por la cual Toneri no puede moverse en persona."

Sakura y Sai se pusieron a pensar.

"Quizá son ambas cosas…" Contestó Shikamaru con cara pensativa.

***

En cierta habitación dentro del castillo aislado…

En la pared había varios títeres colgados y en la chimenea ardía un fuego rojo. Su luz iluminaba al hombre sentado en la silla: Toneri. Tenía los ojos gruesamente cubiertos con vendas.

A su lado había un sujeto con la mitad de la cara vendada, arrodillado. Era el hombre que Naruto había derrotado en Konoha.

"Deja libre a Hinata hasta que yo vaya por ella… No se entrometan con ese tal Naruto o los demás, por ahora."

Al recibir la orden de Toneri, el tipo alto hizo una reverencia y desapareció.

"¡Uh!"

Entonces Toneri puso la mano sobre las vendas de sus ojos y se levantó. Los hombros le temblaban del dolor.

"Fu, fu, fu. Los ojos otra vez muestran esa contracción de alumbramiento… Maravilloso. Este Byakugan es de una pureza altísima."

Después de decir eso con satisfacción, volvió a sentarse en la silla.

4

En la cueva no había otra entrada o salida más que el manantial por donde habían llegado. No existía apertura alguna sino el hoyo ocasionado por el cangrejo al impactarse contra el techo.

Esa es la única ruta para seguir adelante. Shikamaru tomó una decisión.

El orificio conducía a una cueva donde había enormes pilares de cristal creciendo por todas partes. El grupo avanzó a través del misterioso sitio colmado por varios centenares de columnas transparentes. El viento sopló desde la parte frontal y también se escuchó el sonido de las olas. Al salir de la cueva encontraron un cuerpo de agua que reflejaba la luz solar.

"¿Qué es este lugar? Se suponía que estábamos en el subterráneo, ¿qué hace aquí el Sol?"

No era solo eso. A lo lejos no se distinguía el horizonte: la superficie se curvaba. Lo que veían sobre sus cabezas no era el cielo azul: eran lagos y bosques. Parecía que arriba también había tierra, vuelta de cabeza.

¿Acaso volvimos a caer en un genjutsu? ¿O será que nos mandaron a un espacio aislado? La angustia atacó a Shikamaru.

Primero recabemos información.

Cada uno montó un ave de Sai y partieron.

"Entonces, Shikamaru, ¿qué es eso?" Cuestionó Sakura mientras apuntaba al supuesto sol que brillaba pálido sobre sus cabezas.

"Debe ser un sol artificial... Creo que este es un espacio sintético creado dentro del subterráneo."

Si su enemigo era capaz de mover la Luna, podría fácilmente crear un cosmos subterráneo y un sol artificial.

"¿Primero marionetas y ahora un sol simulado? Este sujeto usa puras réplicas. ¡Me repugna!" Aseveró Naruto con verdadero desprecio.

"Hinata, ¿ves al enemigo?"

"No, no está aquí." Contestó Hinata mientras observaba el bosque con el Byakugan.

"Pero ya debería estar consciente de que estamos aquí, ¿no? ¿Por qué no viene a atacarnos?"

"Sí, eso es lo que no me agrada. Está demasiado silencioso..." Diciendo eso, Shikamaru miró el denso bosque extendiéndose en la superficie.

Dentro del bosque, tres *shinobis* marioneta miraban el cielo a través de los gigantes árboles. Desde el interior de sus burbujas observaban a Naruto y los demás montando las aves creadas por Sai.

No era factible ver a través de las burbujas especiales ni siquiera con el Byakugan de los Hyuga. Las aves se fueron y las marionetas volvieron a seguir al grupo.

Cayó la noche en el espacio subterráneo. El sol artificial no se había puesto; ahora solo desprendía un brillo frío semejante al de la Luna. Cumplía con la función del Sol durante el día y el de la Luna durante la noche. No se sabía si era una máquina o alguna especie de cuerpo de energía, pero el aparato era una invención espectacular.

El escuadrón de Shikamaru instaló un campamento en el bosque. Estaban rodeando una fogata y comiendo.

"De verdad que está silencioso..." Susurró Sai.

"Mientras tanto, podrían estar lloviendo meteoritos en la superficie justo en este momento..."

"¡Seguramente los *shinobis* de la aldea los estarán haciendo añicos!"

Shikamaru echó un vistazo al reloj en su palma. El fin de la humanidad se acercaba inexorablemente.

***

"¡No se precipiten!" Gritó Tsunade desde la colina.

Los habitantes del Reino del Fuego, cargando todos sus pertenencias, abarrotaban las calles.

"¡El refugio antiaéreo tiene el tamaño suficiente para resguardar a todos los habitantes del Reino del Fuego! ¡Avancen ordenadamente! ¡No se apresuren!"

Después de la Guerra Mundial Shinobi, la Quinta Hokage, Tsunade, le había cedido el título a Kakashi Hatake. Ahora encabezaba la atención médica a heridos como la responsable de evacuaciones.

"¡Meteorito! ¡Es enorme!"

La multitud gritó, comenzó a correr llena de pánico y se precipitó hacia la entrada del refugio. El gigantesco bólido voló por los cielos dejando atrás una estela roja e hizo impacto. En esa dirección estaba Konoha.

Ningún grito de Tsunade pudo detener el terror.

"¡Quinta puerta del límite, ábrete!" Rock Lee hizo frente al peligro de Konoha.

Dio un salto, preparado para la muerte, y lanzó su puño al meteorito, hacia el que fue elevándose rápidamente.

"¡Protegeré la aldea con mi propia vida!"

Su cuerpo gradualmente comenzó a arder en rojo y sus ojos se tornaron del mismo color. Se acercó todavía más. El aerolito gigante ya estaba frente a su vista.

"¡Uryaaaaaaaaa!"

Hizo impacto y lo atravesó. El meteorito se fracturó y, con un retumbo, explotó y se despedazó.

"¡Magnífico!"

Maito Gai observaba el gran trabajo de Lee desde su silla de ruedas, a través de la ventana del hospital.

Sin siquiera intentar limpiarse las lágrimas de conmoción, levantó el pulgar y celebró la hazaña de su amado aprendiz. Su yeso tenía escrita la palabra "juventud". Sus blancos dientes brillaron con fulgor.

***

Naruto observaba a Hinata desde las sombras de los arbustos. Ella estaba sentada, sola, en el bosque, tejiendo una bufanda. Era la que se había desgarrado cuando se cayó del techo.

¿Esa bufanda de verdad será para mí?

Desde lo sucedido en el genjutsu de las burbujas, Naruto había estado pensando demasiado en Hinata, al punto de que ya no podía actuar con naturalidad frente a ella. Cuando cruzaba miradas con ella, se ponía nervioso y su rostro se paralizaba involuntariamente.

Hinata le sonreía como siempre, pero cuando veía la bufanda rayada de Naruto, bajaba la mirada.

¿Será que no le agrada esta bufanda? Cielos... de verdad que no entiendo a las mujeres. En fin, la guardaré por ahora.

Naruto se la quitó del cuello y la guardó en su bolsa.

A la mañana siguiente, el escuadrón de Shikamaru se dividió en cuatro aves de tinta y voló sobre el bosque.

Naruto y Hinata montaban la misma ave. Él la conducía mientras que ella observaba con su Byakugan.

"¡Shikamaru-kun! Distingo un asentamiento a veinte kilómetros hacia allá."

"Bien, vayamos a ver." Shikamaru sacudió la mano, dándole la indicación también a Sai y Sakura.

"..."

Hinata se había percatado de que Naruto ya no llevaba su bufanda. Ya no la tenía desde que lo vio en la mañana.

¿Por qué será?

Observó a Naruto y este, al notar la mirada, le sonrió de vuelta, pero su expresión parecía algo forzada.

En la ladera de una pequeña montaña había una ciudad vieja. Quizá había sido hermosa en el pasado. Podían verse casas construidas cuidadosamente en el interior de la roca, desde el pie de la montaña hasta la cima. Había hiedra y maleza por doquier; no parecía que viviera nadie aquí ahora. Al parecer, había estado abandonada por siglos. También había herramientas *ninja* oxidadas tiradas por ahí.

Ignoraban qué trampa podría aguardarlos, pero por lo menos no parecía tratarse de una alucinación.

"Aparentemente, solía ser una aldea *ninja*." Susurró Sai.

En la tarde, tras confirmar que se encontraban a salvo, decidieron separarse en dos grupos, el de Naruto y Hinata y el de Shikamaru, para recabar información.

Por todos los rincones de la ciudad había vestigios negros, chamuscados.

"Son rastros de incendios..."

"¿Habrá sido alguna guerra?"

En las viviendas abandonadas podía verse una cantidad impresionante de huesos humanos apilados hasta el techo.

"Sea lo que sea que haya ocurrido aquí, no fue nada ordinario..." Susurró Shikamaru mientras iluminaba la montaña de esqueletos con su linterna.

Naruto convenció a Hinata de tomar un descanso. La joven actuaba enérgica, pero parecía estar exhausta. Al llegar a un lugar donde podían descansar, se sentó tambaleante.

Hinata... La preocupación por su hermana Hanabi la está forzando demasiado.

"¡Lo mejor que se puede hacer cuando se está cansado es comer!"

"Pero no tengo hambre."

"¡Tienes que comer! Yo me comeré la mitad, anda."

Naruto le dio la ración de emergencia a Hinata.

"En verdad, no quiero comer."

Transcurrió un momento de silencio.

"Pues yo por más cansado que me encuentre, con que me llene la barriga y duerma un rato, siempre regreso muy pronto a la normalidad."

Hinata levantó la cara y miró a Naruto.

"Bueno, es que yo soy muy simple. Ja, ja, ja."

A Hinata se le salió una risa y tomó la comida de la mano de Naruto.

"Gracias, Naruto-kun. Comeré."

5

Caminaron juntos por el bosque mientras la luz solar se filtraba entre las hojas de los árboles. A la joven se le pegó una telaraña a la cabeza y él se la quitó. Luego tomaron agua de un viejo bebedero. Ella tenía una sonrisa floreciente. Naruto sintió una felicidad de un tipo que jamás había experimentado antes.

No tenía intención alguna de quejarse de lo desdichado que había sido hasta entonces. Había formado lazos de confianza con sus amigos y se llenaba de felicidad, tanto el corazón como la barriga, cuando comía su amado *ramen*. Había tenido grandes maestros: Iruka, Kakashi y Jiraiya. También le había ayudado mucho el Kyubi, Kurama, al lado del cual había arriesgado la vida.

Sí, alguna vez maldijo su destino como huérfano y jinchuriki cuando era niño, pero todos estos obstáculos se convirtieron en fuente para su crecimiento.

Desde el fondo de su corazón, Naruto pensaba que era feliz. Sin embargo, no conocía la felicidad que había experimentado en las pocas horas de esta tarde, agridulce, suave y confortable. Era una felicidad especial, diferente a la que sentía después de cumplir una misión o al conversar con sus amigos, o después de empinarse el caldo del *ramen* en Ichiraku.

Tomaron un descanso. Se sentaron en el piso de piedra. Naruto estaba cautivado viendo el perfil de Hinata. Lo atacó el impulso de trazar esa hermosa silueta con el dedo. De pronto la chica volteó. Naruto, apurado, apartó la mirada.

"N-Naruto-kun... ¿y tu bufanda?"

"A-ah... Es que aquí en el subterráneo hace calor. Me la quité."

"Y-ya veo..."

En realidad, la temperatura estaba gélida. Tenían los alientos un poco blancos.

"Tú sientes frío porque estás vestida así."

Naruto miró de reojo los brazos descubiertos de Hinata. Su piel estaba tan blanca que hasta parecía transparente.

"..."

"No me mires tan fijamente... Este es mi atuendo de misión... No tengo alternativa..."

Avergonzada, Hinata cubrió sus brazos expuestos y bajó la mirada, sonrojada. Naruto sintió que algo le apretaba el pecho al ver su expresión.

T-tengo que decir algo... ¡Lo que sea! ¡Di algo! Pensó.

Necesitaba ser honesto y poner en palabras estos pensamientos, estas emociones, estos sentimientos. En cuanto intentó abrir la boca...

¡Clank!

La mochila de Hinata se cayó y se escuchó el sonido del *kunai* de Hanabi chocando con el piso.

Rápidamente volvió en sí y acomodó su postura, alejándose. Sintió como si el arma de Hanabi le estuviera reprochando que se hubiera dejado llevar olvidándose de la misión. Reinó el silencio.

"Hay un asunto importante que me gustaría tratar contigo, Naruto-kun…"

"¿?"

"Es acerca de Toneri..."

"¡Hinata-san!" Interrumpió la voz de Sai.

Shikamaru había encontrado un templo abandonado en las afueras de la ciudad y quería que ella lo investigara con el Byakugan.

"¡Iré en seguida!"

Hinata volvió a mostrar el rostro de una *kunoichi* y, luego de inclinar un poco la cabeza hacia Naruto, partió.

"..."

Él quería tiempo. Si la Tierra se acabara pronto, no tendría oportunidad de confesársele a Hinata. Si no sacaba ese sentimiento de su pecho, aunque muriera, no podría descansar. Apretó los puños y se decidió.

El grupo entró en el templo. La estatua gigante de piedra colocada al frente estaba fracturada. Las paredes y los pilares estaban al borde del colapso. Por todas partes había diseños de ojos, mismos que presentaban patrones distintivos en las pupilas. Tenían un círculo al centro del cual se extendían luces en cuatro direcciones; el patrón semejaba dos *shuriken* de cruz encimados. La estela que estaba al lado tenía un poema grabado en caracteres *shinobi* antiguos.

"Juramento de la antigüedad. Es así: cuando la humanidad yerra en su camino..." Shikamaru comenzó a leer el poema.

"Revive el Ojo de la Reencarnación y quiebra al hombre el puño de la Luna... Huh."

"¿Qué significa?" Le preguntó Sakura.

"Supongo que el supuesto Ojo de la Reencarnación está moviendo la Luna."

"¿Será que Kakashi-sensei tenía razón al pensar que la Luna y lo de Hanabi estaban relacionados?"

"Bueno, todos sus presentimientos siempre están en lo correcto... cuando son desafortunados." Aclaró Shikamaru sonriendo con sarcasmo.

Por un momento, Hinata escuchó una voz extraña.

"Princesa del Byakugan ..."

Miró a los demás, sin embargo, no parecía que ellos pudieran escucharla.

¡Brrruuummm!

Se escuchó un ruido y una parte del piso de piedra colapsó, elevando una nube de polvo. Después de que esta se disipara, hallaron ahí unos escalones ocultos que conducían al subterráneo. El grupo, linternas en mano, descendió por ellos. Del otro lado había una habitación amplia con miles de cajas de piedra, alineadas ordenadamente.

"Estos tienen que ser ataúdes... ¿Es un cementerio?" Dijo Shikamaru con voz grave.

"¡Hay alguien ahí!"

Shikamaru apuntó la linterna adonde indicó Hinata, iluminando a un viejo que tenía los ojos cerrados.

Su aspecto era pobre, pero tenía un porte refinado. Parecía alguien que en el pasado se desempeñó en un puesto de responsabilidad.

"El Byakugan … puedo sentir el Byakugan …" El viejo extendió la mano hacia Hinata.

"Sí, no hay duda… ¡eres la Princesa del Byakugan!" El viejo se acercó un paso en dirección a la joven Hyuga.

"¡No te le acerques!" Naruto se interpuso y le apuntó con la linterna al viejo. Este abrió los ojos lentamente… revelando sus órbitas vacías.

"¡!"

De repente, el anciano comenzó a padecer dolor. Se sentó en el piso y escupió algo. Era una burbuja brillante que se hinchó poco a poco, fortaleciendo su brillo. El Byakugan de Hinata reaccionó a la luz de la esfera. A través de él, se proyectó la imagen que había en el cerebro de Hinata.

—*Un gran número de soldados comenzaron a combatir. Había banderas militares de la Luna creciente y del Sol.*—

Se alzaba una esfera gigante en el centro de la formación, como si fuera un arma. Un segundo después desprendió una luz fuerte que cegaba la vista.

La siguiente imagen que se pudo distinguir fue la de una innumerable cantidad de personas colapsadas. Montañas de cadáveres por doquier… Era el infierno sobre la Tierra. Ahí se detuvo la imagen y Hinata perdió la consciencia.

"¡Hinata!"

Naruto, apurado, la atrapó antes de que cayera.

"¡Desgraciado! ¡¿Qué le hiciste?!"

El viejo se levantó.

"El Tenseigan[10]… revivirá…"

Entonces, la cabeza del viejo cayó de sus hombros. Sus brazos y piernas también colapsaron como si hubieran perdido toda energía.

"¡!"

La boca de la cabeza que ahora estaba tendida en el piso se movió ligeramente.

"Hay que detener… al Otsutsuki… detener su…"

El viejo dejó de moverse por completo.

6

El grupo salió del cementerio subterráneo y regresó a la ciudad. Shikamaru y Sai se encontraban en la veranda de una casa abandonada, hablando acerca de lo sucedido.

"Ese hombre decía algo respecto de un tal Otsutsuki. ¿Acaso no era ese el antiguo apellido del Sabio de las Seis Sendas?" Recordó Shikamaru.

---

[10] "Ojo de Reencarnación"

"Hagoromo Otsutsuki… Sí, así se llamaba antes de hacerse monje."

También le llamaba la atención que había llamado a Hinata "la Princesa del Byakugan".

"Parece estar relacionado con Toneri y también con el secuestro de Hanabi."

Después de aquello, Shikamaru le preguntó a Hinata, pero contestó que no tenía idea. Le intrigó la expresión pálida de la chica al responder.

¿En verdad fue tan intenso el shock *de lo ocurrido en el cementerio subterráneo?*

Pero Hinata era una *shinobi* veterana. Le parecía algo extraño que estuviera tan impactada por eso. Shikamaru dirigió la mirada hacia ella, que estaba agachada frente el bebedero, y Naruto, quien se mantenía siempre a su lado.

Shikamaru había notado que ellos se habían hecho muy cercanos de repente. Le alegraba que Naruto encontrara el amor, pero estaban a la mitad de una misión. No podía permitirse que el más fuerte del equipo no pudie-ra hacer uso de todo su poder aquí.

Deberé tener una charla con él…

Pero los problemas del amor eran asuntos delicados. Lo arruinaría todo si perdía su confianza por hablarle al respecto con ligereza.

Qué complicado…

Shikamaru chasqueó la lengua internamente.

Decidieron pernoctar en una casa abandonada. Mientras todos dormían, el encargado de vigilancia, Naruto, se detuvo en el pasillo frente a la habitación que usaba Hinata. La luz de la linterna se filtraba hacia el interior. Se asomó y encontró a la joven tejiendo.

¿Por cuánto tiempo hay que repetir eso una y otra vez para terminar de tejer? Qué tardada es esa actividad.

Ella sintió la presencia de alguien y volteó. Sus miradas se cruzaron. Usualmente, en momentos como este, ella le sonreiría, pero ahora desvió la mirada hacia abajo.

"¿Qué me querías decir hoy a mediodía?"

"…"

"¿Era algo acerca de Toneri?"

"No es nada."

"¿No es nada? ¿Qué ocurre?"

"…"

"¿Hinata?"

"Perdón. Déjame sola…"

"…"

Naruto no tuvo otra opción más que retirarse y se puso a pensar mientras regresaba a su cuarto.

Hinata estaba rara. No significaba que ahora lo odiara ni que estuviera enojada con él, sin embargo, Naruto podía sentir que ella sufría, cargando algo pesado ella sola.

***

En una habitación del castillo, calentada por el fuego de la chimenea, Toneri se levantó poco a poco y se quitó los vendajes del rostro. En sus órbitas, previamente vacías, ahora había ojos albugíneos brillando. Tenía el Byakugan de los Hyuga.

Deslumbrado, parpadeó varias veces y luego abrió los ojos grandes, mirando con gran fijeza la palma de su mano. Una vez que logró enfocar la vista, se le escapó una gran sonrisa de satisfacción.

"Puedo ver… ¡En verdad puedo ver!"

Toneri sujetó de pronto la marioneta *shinobi* que tenía más cerca, jalándola violentamente hacia él. Acercó la cara inexpresiva a la suya y la miró fijamente.

"¡Conque así se siente ver!"

Nunca antes le había afectado en la vida hasta ahora. Los Otsutsuki tenían el destino de ser despojados de sus globos oculares al nacer, pero podían percibir los alrededores con su ojo mental, reuniendo *chakra*, así que podían actuar más rápidamente y con mayor precisión que si usaran una vista regular. Sin embargo, había una gran diferencia entre "percibir" y "ver". Toneri conoció por primera vez en la vida la alegría y emoción de esto último.

"Me habría complacido mostrarle esto a mi padre..." Susurró Toneri.

Tiempo atrás, cuando este aún no perdía la vida...

Toneri vivía con él. Tenían también muchas marionetas, pero solo eran eso: títeres, y Toneri quería amigos humanos. Su padre lo había llevado varias veces, a través de la cueva, hasta la Aldea Oculta Konoha, donde juntos observaban ocasionalmente a sus supuestos parientes lejanos, los Hyuga, desde las sombras.

"Es esa niña de ahí. Su nombre es Hinata Hyuga. Concéntrate y percíbela."

Padre e hijo, ambos carentes de ojos, reunieron *chakra* en la frente para observar a la niña jugando en el jardín.

"Sí, es muy linda."

"Vengamos por ella cuando pasen diez años. ¡Será tu esposa!"

Su padre le había dicho eso con una alegre sonrisa, pero ahora ya no estaba con él. Después de regresar de esos recuerdos, Toneri miró las llamas de la chimenea en silencio.

"¡Te quiero ver! Hinata… quiero ver tu hermoso rostro con estos ojos." Exclamó Toneri como si estuviera poseído.

Naruto y los demás salieron de las ruinas de la montaña hacia el siguiente asentamiento, en busca de nueva información. La noche cayó durante el traslado y acamparon en el bosque. El sol artificial, nocturno, brillaba fríamente como la Luna.

Naruto despertó de su siesta frente la fogata. No encontró a Hinata cerca y salió silenciosamente de su bolsa de dormir. Ella arreglaba la bufanda roja al lado de un manantial. Pensó en hablarle, pero se abstuvo, decidiendo en su lugar mirarla desde las sombras de los árboles.

La había pasado tan bien con ella hasta el día anterior por la tarde, pero ahora estaba distante. Sin importar qué le dijera, ella contestaba de forma ambigua y se marchaba. Pensó que lo mejor sería verla de lejos por el momento, en lugar de intentar hablarle.

Hinata movía las agujas, haciendo punto tras punto, desenredando el hilo rojo. Su rostro aún se veía acongojado. Parecía pensativa de vez en cuando. Desacertó una cadena. Detuvo las manos y suspiró profundamente.

En verdad que Hinata tiene algo…

Naruto no pudo contenerse más y salió de las sombras. La chica notó su presencia y dejó de tejer.

"Aquí estoy, tejiendo, mientras mi hermanita está en peligro… Soy una hermana terrible, ¿no lo crees?"

"¡No te reproches! Tú eres quien más se preocupa por Hanabi… Todos lo saben bien."

Ella pensaba que si no la hubiera dejado sola en casa aquella noche, no la habrían secuestrado. Que al no estar su padre, Hiashi, la responsabilidad recaía sobre ella.

El bosque estaba silencioso. Varias mariposas fosforescentes volaban alrededor de Hinata.

"¡Ya verás que salvaré a Hanabi, así que, por favor, no te preocupes!"

"Gracias… De verdad eres muy amable, Naruto-kun."

Las mariposas de pronto iluminaron el rostro de Hinata. Sonreía con tristeza. Naruto se inquietó un poco.

"D-digo, no es que sea amable contigo porque me gustes, es que de verdad me preocupa Hanabi…"

"¡!"

La joven se sorprendió y abrió completamente los ojos, mirando fijamente el rostro de Naruto.

"¿Q-qué acabas de decir?"

"Que me preocupa Hanabi…"

"N-no, antes de eso."

"Antes de eso…"

Naruto se mentalizó. Como hombre, tenía que decir lo que tenía que decir. Miró los ojos de Hinata. Sus ojos de blanco puro temblaban. Respiró profundamente y lo dijo:

"Hinata… Tú me gustas."

"…"

Los ojos de la tímida muchacha, que contemplaba a Naruto, por un momento reflejaron alegría, pero después se tornaron profundamente tristes. Miró hacia abajo, en completo silencio.

"¿Hinata?"

"…"

Algo obstruyó súbitamente la luz de la Luna que iluminaba la faz de la chica. Las mariposas huyeron. Ambos giraron sus rostros hacia arriba y encontraron en el cielo nocturno una plataforma redonda, decorada lujosamente. Parado sobre ella se encontraba Toneri.

"Hinata… vine por ti." Dijo Toneri sonriéndole.

7

"¡Toneri! ¡¿Otra vez eres una marioneta, infeliz?! ¡¿Dónde está Hanabi?!"

"Silencio… Vine a escuchar la respuesta de Hinata."

Toneri extendió la mano derecha hacia la Hyuga.

"¿Respuesta? ¡Ella no tiene nada que decirte! Devuélvenos a Hanabi de una… ¿Hinata…?"

La muchacha le contestó a Toneri asintiendo triste con la cabeza.

"¡!"

Entonces se volvió y apretó la bufanda roja contra el pecho de Naruto, dejándosela a él.

"¿Q-qué ocurre?"

"Naruto-kun… adiós." Le murmuró Hinata y caminó por su propia cuenta hacia Toneri.

"Oye, Hinata… ¿a qué te refieres?"

Subió a la plataforma de Toneri y esta se elevó por los cielos. Naruto apretó con fuerza la bufanda roja. No entendía qué estaba sucediendo.

"¡Hinataaa!"

Desesperado, comenzó a seguir la plataforma que se alejaba por el aire.

¿Por qué, Hinata? ¿Por qué te vas con ese sujeto? Le preguntó varias veces en su mente, confundido.

Shikamaru, Sai y Sakura escucharon los gritos de Naruto y en seguida fueron a perseguir a Toneri, montados en aves de tinta. Aparecieron numerosas bestias águila enemigas y comenzó una batalla aérea. Sai lanzó *kunai* explosivos y derribó a varias de las bestias. Sakura, por su parte, no podía creer lo que veía. Toneri abrazaba su amiga por el hombro.

¿Hinata? ¿Por qué?

"¡Alto ahííí!" Gritó Naruto. Había alcanzado a Hinata montado en un ave, mientras cargaba su Rasengan.

"¡Devuélveme a Hinata!"

"¿Que te la devuelva? Pero si ella misma vino a mí por su cuenta."

Toneri también comenzó a cargar una de las misteriosas esferas brillantes.

"Es el destino anunciado desde la antigüedad. Hinata y yo nos casaremos."

"¿C-casarse? Hinata, eso es mentira, ¿verdad?"

"…"

"¡Hinata! ¡Di algo, por favor!"

"…"

Ella no contestó. Tan solo mantenía baja la mirada.

Naruto, Rasengan en mano, se quedó pasmado. Se había percatado de los sentimientos de Hinata por primera vez al haber caído en aquel genjutsu. Desde tiempo atrás sabía que Hinata decía que le gustaba, pero confundía el significado de la palabra con algo similar a lo que uno experimenta cuando dice "me gusta el *ramen*" o "me gusta el *shogi*[11]". ¿Cuánto la había hecho sufrir hasta ahora? Sintió que quizá este era su castigo por haber sido tan insensible por tantos años.

Toneri lanzó su esfera de luz y Naruto arrojó su Rasengan instintivamente. Los ataques chocaron de frente. Sin embargo, no sucedió una explosión. La burbuja luminosa se tragó el Rasengan y avanzó hasta introducirse sin más en el cuerpo de Naruto.

"Guh…"

Entonces dejó de moverse. La vitalidad comenzó a desvanecerse de sus ojos abiertos. El *chakra* salió disparado de su cuerpo, expulsado por la esfera de luz. Ese *chakra*

---

[11] Juego japonés semejante al ajedrez

separado de su ser tomó forma de burbuja y engulló el ave de tinta. Lentamente empezó a descender y Naruto, a caer. La bufanda resbaló de sus manos y, en cuanto tocó la esfera de *chakra*, comenzó a arder intensamente.

"¡N-Naruto-kun!"

Hinata volteó y miró con agresividad a Toneri.

"¡Eres terrible! ¡Detestable!"

Este se mantuvo en silencio y colocó su mano sobre el hombro de Hinata.

"¡¿Qué pretendes?!" Gritó la *kunoichi* al tiempo que empujaba el brazo de su enemigo.

"Es para evitar que te lastimes en una pelea vana."

Toneri reventó una pequeña burbuja frente al rostro de la muchacha, quien perdió la consciencia al respirar el gas liberado tras el estallido y cayó en brazos de aquel que la alejaba de Naruto. La plataforma se elevó hacia el sol artificial, mientras la esfera de *chakra* descendía lentamente, desapareciendo dentro del bosque. Por un rato no ocurrió nada, pero después de un tiempo…

¡Buuuuuuuuum!

Una explosión de luz creó una nube en forma de hongo. Los árboles se derrumbaron y solo quedó un enorme hoyo

en la tierra, a través del cual era posible vislumbrar la negra oscuridad: el espacio exterior. En medio de esa oscuridad flotaba un cuerpo azul. Un planeta brillando de un inigualable azul.

"N-no puede ser… ¿L-la Tierra?"

Sai, montado cn un avc y cstupcfacto, miró cl plancta a través del orificio.

Naruto continuó cayendo. La bufanda ardió en el aire hasta ser consumida por completo.

"Hinata…"

Su consciencia cayó en un profundo abismo.

Capítulo tercero

La realidad de Naruto

1

Los fragmentos colapsados de la Luna comenzaron a rodear la Tierra, formando un anillo gigante. Al final, los trozos eran atraídos por la gravedad del planeta y llovían sobre su superficie. Las miles de piezas se convirtieron en meteoritos que atravesaban la atmósfera a gran velocidad.

¡Puuuuuuuuum!

Estos bólidos aplastaban todo a su paso hasta que se consumían. Los *shinobis* de cada aldea luchaban contra ellos, destruyéndolos en el aire para reducir los daños en la Tierra. Elementos agua, viento, madera, polvo… Todos usaron sus mejores técnicas para proteger a sus compañeros y hogares. No obstante, los fragmentos caían sin parar sin importar que fuera día o noche. La fatiga acumulada por los *shinobis* de defensa antiaérea estaba llegando a su límite.

***

"Hermana…"

Hinata escuchó la voz de Hanabi. Abrió los ojos y vio un candelabro en el techo alto. Se encontraba acostada, sola, en una cama.

La habitación, aunque de estilo anticuado, era lujosa. El lecho no era incómodo, pero sentía un leve dolor de cabeza. Lo último que vio fue la bufanda roja ardiendo y a

Naruto cayendo. Después de eso, Toneri usó un jutsu para hacerle perder la consciencia.

"Esto es… ¿el castillo de Toneri?"

Se levantó de la cama de un brinco y, dándole la espalda a la pared, observó el aposento. Corrió hacia la ventana y revisó el exterior. Parecía un bosque de pináculos. Tras confirmar que no había peligro en el interior del cuarto, exploró el exterior con su Byakugan. Del otro lado de la puerta había un largo pasillo donde no parecía haber guardias o vigilancia. Se acercó sigilosamente a ella e intentó girar la perilla. La puerta se abrió fácilmente. Manteniéndose alerta con el Byakugan, avanzó por el pasillo iluminado con velas en ambas paredes y se detuvo frente una alcoba.

"¡Hanabi!" Exclamó en voz alta involuntariamente. Su hermana estaba recostada en la cama de esa habitación.

Entró en el dormitorio y corrió a la cama. Hanabi parecía inconsciente. Tenía los ojos vendados gruesamente. Revisó a través de las vendas con el Byakugan y perdió el aliento.

¡Le quitaron los ojos!

Toneri le había robado el Byakugan.

Hinata recordó aquel momento cuando Naruto y los otros saltaron al manantial, después de haber escapado del genjutsu, y lo que le había dicho Toneri acerca de aquella bola de arena.

***

"¡¿Casarme contigo?!"

"Es nuestro mandato divino desde la antigüedad. Es lo que nos depara el destino."

"¿Qué estás diciendo? Devuélveme a Hana…"

Entonces un aparato en forma de domo apareció encima de la bola de arena y se proyectó otro Toneri más, probablemente el verdadero.

"Tu hermana está en mi castillo." Contestó el Toneri proyectado. El domo mostró la imagen de Hanabi durmiendo en una cama.

"¡Hanabi!"

"Yo tomé su Byakugan."

"Desgraciado…"

"Perdóname… Era el mandato divino de Hamura."

"¿Hamura?"

"El padre de los *shinobis* de la Luna: Hamura Otsutsuki. Tal vez lo ubiques si digo que es el hermano menor del padre de los *shinobis* de la Tierra, el llamado Sabio de las Seis Sendas. Tu clan, el de los Hyuga, fue el que heredó la sangre de Hamura…"

"¡!"

"Hace mucho tiempo, miles de años atrás…" El Toneri proyectado comenzó a hablar.

El *chakra* provenía del gran Dios Árbol, el cual daba frutos una vez cada mil años, produciendo el llamado "Fruto del Chakra". La Princesa Kaguya Otsutsuki comió ese fruto y obtuvo una cantidad exorbitante de *chakra*, cuyo poder empleó para pacificar el conflicto en el mundo. Después de lograrlo, dio a luz a dos varones: los hermanos Hagoromo y Hamura. Sin embargo, el Dios Árbol se convirtió en una bestia demonio y comenzó a atacar las aldeas humanas para recuperar el fruto que le fue robado. Este fue el origen del Diez Colas, el Jubi.

Habiendo heredado el *chakra* de su madre, los hermanos lucharon a muerte uno al lado del otro, y al final consiguieron sellar al Jubi en el vientre del mayor; así fue como Hagoromo se convirtió en el primer jinchuriki.

Posteriormente establecieron las enseñanzas *shinobi*: el Ninshu. Hagoromo se convirtió en el Sabio de las Seis Sendas y fue reconocido como el padre de los *shinobis* en la Tierra, pero admitía que el poder del Diez Colas sellado dentro de él era un peligro. Esta fuerza inconmensurable podría ser catastrófica para la Tierra, por lo que decidió crear a las nueve bestias con cola para dividir el *chakra* del Jubi en igual número. Su cuerpo, ahora vacío de *chakra*, fue llamado "Estatua Demoniaca del Camino Exterior".

La Estatua Demoniaca era un contenedor de *chakra*: si reuniese el *chakra* dividido y se devolviera a la efigie, reviviría el Jubi. Para prevenir esta resurrección, Hagoromo creó un nuevo cuerpo celeste, al cual llamó "Luna", y selló la Estatua Demoniaca.

Hamura, el menor de los hermanos, y su clan se establecieron en la Luna con la convicción de vivir como guardias de la Estatua Demoniaca. De esta forma se convirtió en padre de los *shinobis* de la Luna, pero continuaba escéptico con respecto del mundo que crearía su hermano.

Vigiló la Tierra desde la Luna durante toda su vida. Encargó a sus sucesores la misión de hacer lo mismo y les ordenó destruirla si ese mundo creado por Hagoromo llegaba a errar en el uso del *chakra*. Desde entonces, y por milenios, sus descendientes habitaron la Luna, protegiendo la Estatua Demoniaca y vigilando la Tierra.

Luego de narrar lo anterior, la imagen de Toneri habló con un tono más áspero:

"Desde entonces, durante miles de años, los *shinobis* no han dejado de guerrear, utilizando el *chakra* como arma. ¡Incluso llegaron al extremo de hurtar la Estatua Demoniaca y revivir al Jubi!"

"…"

"Llegamos a la conclusión de que los *shinobis* de la Tierra son la catástrofe misma que destruye el orden y la paz. ¡El mundo creado por el Sabio de las Seis Sendas fue un fracaso! ¡Yo seguiré el mandato divino de Hamura y lo destruiré con mis propias manos!"

"¡!"

Según Toneri, el padre del Tenseigan también era Hamura Otsutsuki, pues había utilizado el gran poder del Tenseigan para traer armonía y tranquilidad a todo su entorno lunar.

Tras su muerte, los habitantes de la Luna trataron el Tenseigan de Hamura como un tesoro. Lo adoraron como objeto de fe y crearon una manera de preservarlo por la eternidad. Sin embargo, ello no significaba que el Tenseigan de Hamura era el único existente. Aquellos que llevaban la sangre de Otsutsuki en sus venas podían conseguir un nuevo Tenseigan a través del trasplante del Byakugan de un Hyuga. Al fusionarse el *chakra* de ambos clanes, el Byakugan se transformaba en Tenseigan.

"Por ese motivo, no tenía otra opción más que conseguir el Byakugan."

Con el inmenso poder ocular del Tenseigan, se podría incluso revivir la Tierra después de haberla destruido.

"Todo para crear un mundo pacífico, donde no se use el *chakra* como arma. Hanabi se convirtió en un sacrificio, ofreciendo su propio Byakugan, por el bien de este noble objetivo", dijo Toneri.

Hinata comprendía la ira de Toneri. Ella también había sido partícipe de la Cuarta Guerra Mundial Shinobi. Conocía bien la gran cantidad de sangre que el poder del *chakra* derramó. El mundo *shinobi* donde ella vivía había cometido estas necedades una y otra vez a lo largo de mucho tiempo. Sin embargo, también sentía que su conclusión era muy precipitada.

El mundo que erigió Hagoromo era malo, así que lo destruiría para crear un mundo bueno. ¿De verdad era algo tan sencillo? En realidad, había más niveles y categorías entre el bien y el mal. A veces, el bien y el mal eran relativos; incluso había épocas donde no era posible saber con certeza si algo era errado o correcto.

Por eso el mundo humano era complicado.

El dualismo simple que presentaba Toneri era fácil de entender, pero era demasiado insensato.

"¡No te creo! ¡Salvaré a Hanabi!" Gritó la joven con fuerza y sin pensar.

"¿Salvarla? Ni siquiera tienes idea de dónde se encuentra este castillo."

Toneri rio burlonamente y su imagen desapareció. El domo también se desvaneció. Ahora Hinata hacía frente a la marioneta de Toneri, sobre la bola de arena.

"Volveré después para escuchar tu respuesta… ¡Este es el destino!"

"¡Hinata!"

Ahí fue cuando volvió Naruto, quien se interpuso entre la marioneta y Hinata y…

***

Hinata estaba al lado de Hanabi, pensando. Ella era la única que había escuchado la explicación de Toneri. Es decir, había acompañado a Naruto y a los demás conociendo de antemano la razón del secuestro de Hanabi y del súbito ataque a la Tierra. También comprendió sin problemas lo que vio y escuchó en aquella proyección que les mostró el viejo en el cementerio subterráneo.

Hinata dudó.

Pudo haberle dicho todo a Naruto o a Shikamaru y conseguir su apoyo. Sin embargo, resolvió mantenerse en silencio y proceder sola. Decidió que debía actuar ella misma precisamente porque lo sabía todo. Lo hizo para proteger la aldea, a Naruto.

Quizá la misión estaba mucho más allá de sus capacidades, pero tenía que cumplirla. Si no lo hacía, carecería de sentido haberse infiltrado en el castillo de Toneri, cosa que ejecutó a cambio de rechazar la confesión de Naruto, de lastimarlo.

No huiré. Seguiré firme en mis palabras. Así es mi camino ninja *y el de Naruto.*

Hanabi estaba dormida frente a sus ojos.

Espérame solo un poco más... Le juró Hinata a su hermana.

"Buenos días."

Toneri estaba de pie a sus espaldas.

"Me alegra que hayas aceptado mi afecto, Hinata. Ven conmigo. Te mostraré el castillo."

La construcción era inmensa. En ella trabajaban marionetas de todos tipos: mujeres, hombres, incluso niños.

"Estos los dejaron mis antepasados, pero no son más que títeres." Comentó desinteresado.

Toneri no dudaba de su sentido de la justicia. Estaba convencido de que el mundo creado por el Sabio de las Seis Sendas era malo y de que todo lo malo debía perecer. Le imponía el matrimonio a Hinata porque decía que era el destino, pero no se detenía a pensar en los sentimientos de la muchacha. Era ufano.

Aseguraba que había perdido a su padre durante su infancia y que había vivido solo con las marionetas desde entonces. Quizá ese entorno influyó para crear la personalidad jactanciosa que tenía. Las marionetas le decían que

sí a todo. No le respondían, no se resistían. Probablemente cualquiera que creciera en un mundo semejante, donde es posible conseguir siempre lo deseado, terminaría convirtiéndose en alguien tan solitario como él.

A Hinata no le parecía en lo más mínimo que Toneri sintiera deseo por cosas materiales o ambición por dominar. Creía que simplemente deseaba convertir en realidad lo que sentía que era justo para él.

De cualquier forma, aun conociendo las circunstancias que lo rodeaban, no debía olvidar que era el enemigo de la humanidad, aquel que intentaba destruirla.

Toneri llevó a Hinata a una catedral.

"Aquí llevaremos a cabo la ceremonia nupcial."

Después de la ceremonia, ambos se dirigirían a una habitación llamada la Sala de la Reencarnación, donde conciliarían un largo sueño hasta que se tranquilizara el ambiente de la Tierra destruida.

Pero si la Luna cayera sobre la Tierra, tampoco podría terminar intacta. Tanto el castillo como la Sala de la Reencarnación deberían verse afectados por el colapso lunar.

"No te preocupes. El *chakra* protege este castillo. Este *chakra*, tan fuerte como para mover la Luna entera, es el poder del tesoro de los Otsutsuki. Tanto el castillo como la Sala de Reencarnación permanecerán intactos, incluso cuando la Luna sea destruida."

A Hinata se le ocurrió entonces: la fuente de ese poderoso *chakra* debía ser el Tenseigan mismo.

"¿Y dónde está?"

"Eso no te lo puedo revelar…"

Hinata no podía permitir que advirtiera sus verdaderas intenciones todavía. No hasta que destruyera esa cosa. Decidió volver a su habitación para preparar su estrategia.

"Cierto… ¿puedes tejerme una bufanda?"

"¿Eh?"

"¿No quieres?"

El encargo parecía tener la intención de probar su amor. Hinata cerró los ojos, pensó y, al final, asintió.

"De acuerdo."

"Bien… Gracias… Me alegra, Hinata."

Luego de sonreír por un instante, Toneri comenzó a apretar las manos contra los ojos. Estaba sufriendo.

"No te preocupes… Es prueba de que el Byakugan se está adaptando al Tenseigan… Se me calmará una vez que descanse un poco…"

Dejando a Hinata en la catedral, Toneri se fue.

Hinata confirmó que el joven ya se había retirado y comenzó a investigar el interior de la catedral con el Byakugan. Sin embargo, por más que se concentrara, no parecía encontrar ahí escondido el Tenseigan de Hamura.

"Princesa del Byakugan …"

Recordó las imágenes que le mostró el anciano en el cementerio subterráneo. Si podía creerlas, debía destruir el Tenseigan de Hamura antes de que su enemigo fuera capaz de descubrirla.

***

"Princesa del Byakugan …"

En el cementerio subterráneo del templo, el viejo sin ojos salió de la oscuridad y escupió una esfera de luz. El Byakugan de Hinata reaccionó a su brillo. Diversas imágenes pasaron, corrieron, saltaron a su cabeza. Un ejército, un diseño que parecía dos *shuriken* de cruz encimados, un ojo gigante, una explosión, una montaña de cadáveres.

Cuando se dio cuenta, Hinata estaba sola en la necrópolis subterránea rodeada por sarcófagos que tenían siluetas sobre ellos. Las sombras comenzaron a aumentar su número, hasta que hubo una encima de cada sepulcro. Todas eran soldados veteranos bien equipados.

Hinata se quedó sin aliento.

"Somos los descendientes de Hamura, los miembros del linaje principal de los Otsutsuki. Los integrantes de la línea secundaria malinterpretaron el mandato divino de Hamura y acabaron con nosotros."

Al observar detenidamente el rostro del hombre que enunció esto, notó que era el mismo que había escupido la esfera luminosa, ahora más joven.

"Toneri, sucesor de la rama secundaria, pretende hacer mal uso del poder del Tenseigan de Hamura y precipitar la Luna sobre la Tierra. El Tenseigan de Hamura debe ser destruido. Y la única persona capaz de hacerlo es usted, Princesa del Byakugan."

Todos los soldados se arrodillaron en sincronía.

Un viejo de gran estatura se acercó. Le salían cuernos del largo cabello dorado. Hinata pensó que se trataba del Sabio de las Seis Sendas, Hagoromo Otsutsuki, pero no era así.

"Mi nombre es Hamura Otsutsuki. Princesa del Byakugan … ¡no debes permitir que se acabe el mundo que creó mi hermano!"

***

Hinata había vuelto de la catedral y ahora se encontraba en la habitación de Hanabi, tejiendo la bufanda de Toneri. La pequeña parecía tener pesadillas, pues hacía ruido aun

dormida. Hinata apartó las manos de su labor y tomó las de su hermana.

"Pobrecita… No te preocupes, pronto te llevaré de regreso a casa."

Al decirle eso, sintió como si Hanabi, a pesar de estar inconsciente, hubiera hecho ligera fuerza con las manos.

Con seguridad aquel anciano y aquellos soldados que vio en el cementerio eran fantasmas. Probablemente se aparecieron no solo debido a su rencor por haber sido destruidos, sino también por su deseo de defender a la humanidad y la Tierra. Y según lo que dijo Hamura Otsutsuki, Hinata era la única capaz de destruir el Tenseigan.

Tenía que hacerlo, costara lo que costara. El futuro de la Tierra y de la humanidad estaba en sus manos.

"¡Encontraré y destruiré el Tenseigan de Hamura!"

Apretó entonces con fuerza las manos de Hanabi.

2

El escuadrón de Shikamaru, ahora sin Hinata, se ocultaba en un refugio construido dentro de la cueva. Naruto seguía inconsciente luego de haber perdido una gran cantidad de *chakra* gracias a la esfera de luz de Toneri. Sakura empleaba todo ninjutsu médico en su poder para salvarlo.

Continuaba transfiriéndole *chakra* a Naruto, pero este no recuperaba la consciencia.

Sakura puso la oreja contra el lado izquierdo de su pecho e intentó escuchar los latidos de su corazón. El sonido era tan débil que no parecía provenir del corazón del resistente Naruto.

Estaba en peligro.

"H-Hinata… Hinata…"

De vez en cuando farfullaba, pero solo articulaba el nombre de Hinata.

Sakura había apoyado el amor de Hinata por todo ese tiempo. Proyectaba en ella sus propios sentimientos no correspondidos por Sasuke. Sin embargo, Naruto le mostraba afecto solo a ella desde la infancia.

Por un momento, un brevísimo instante, la médica detuvo su ninjutsu.

"…"

En su mente aparecieron las imágenes del niño riendo despreocupado mientras se rascaba la cabeza y la niña juntando los dedos mientras agachaba la cabeza tímida. Para Sakura, ambos eran compañeros de la infancia, camaradas de guerra y, principalmente, preciados amigos. Quería que ambos fueran felices.

"H-Hinata…" Susurró Naruto.

¿Por fin se habrá dado cuenta este tarado? Sakura esbozó una sonrisa.

"¡Te curaré! ¡Yo te protegeré, Naruto!"

Envió el máximo *chakra* posible a ambas manos.

Mientras Sakura se encargaba del moribundo Naruto, Sai y Shikamaru exploraban montados en las aves de tinta. Bajo sus ojos, en la tierra, estaba el hueco gigante que dejó la explosión del *chakra* de Naruto. Al otro lado del orificio había oscuridad y, en medio de esta, un cuerpo celeste de un tono cerúleo.

"Esa es la Tierra, ¿verdad?" Preguntó Sai, apuntando hacia el brillante planeta azul.

"No hay duda. Considerando la posición, nosotros debemos estar en la Luna."

"La Luna… Pensé que habíamos ido bajo tierra."

Allende de la cueva que conducía al subterráneo, por alguna razón, se encontraba la Luna. Y, además, esta contenía un ambiente enorme en su interior, con un sol artificial en su centro. Era inaudito.

"Pasamos por un lugar extraño lleno de burbujas, ¿lo recuerdas? Seguramente ese camino conecta la Tierra con la Luna."

Si se consideraban los vestigios de los templos y casas, era innegable que, tiempo atrás, en la Luna se había desarrollado una extraordinaria civilización *shinobi* con un gran *chakra*. Probablemente sus moradores habían creado ese camino entre la Luna y la Tierra. Por lo tanto, fueron los descendientes de esa cultura quienes secuestraron a Hanabi. Este hecho tampoco parecía carecer de relación con la caída de la Luna.

"Quienes secuestraron a Hanabi y los que pretenden arrojar la Luna sobre la Tierra… ¡ambos enemigos son el mismo exactamente!"

El presentimiento de Kakashi había dado en el blanco.

Shikamaru revisó el tiempo faltante en el reloj de su palma. Se acercaba el límite.

Las aves se elevaron. Se acercaron al sol artificial, el destino de la exploración, pues la noche anterior notaron que la plataforma de Toneri se dirigió a ese punto. Su base principal se ubicaba en el interior del sol artificial.

Probablemente Hinata no había podido encontrarlo con el Byakugan porque un jutsu o una barrera lo protegía de su poder.

"¿Dónde estará la entrada?" Dijo Sai mientras miraba el sol artificial.

"Preguntémosles a ellos." Sonrió mordaz Shikamaru y lanzó un *kunai* explosivo hacia el supuesto sol.

En respuesta al estruendo de la terrible explosión, salieron del sol artificial *shinobis* marioneta montando sendas bestias águila.

"¡¿Qué haces?! ¡El enemigo nos encontró!" Sai entró en pánico, pero Shikamaru tenía un plan.

Para salvar a Hanabi y a Hinata tenían que infiltrarse en el territorio hostil. Necesitaban descubrir cómo entraban y salían las marionetas del sol artificial, cuya superficie se abrió en forma circular. Shikamaru prestó atención al movimiento cuando salieron los enemigos. Cada una de las marionetas hacía el mismo sello manual al salir.

"Bien, con esto es suficiente. ¡Retirada!"

Sai, estupefacto, dio media vuelta al recibir la orden de Shikamaru. Sin embargo, el enemigo no los dejó escapar sin más y los persiguió. Ambos huyeron hacia un cañón, volando entre la cañada. Las bestias águila se acercaron. Las marionetas arrojaron burbujas que chocaron con los riscos y estallaron. La roca colapsada llovió sobre las aves.

"¡Sai! ¡Te lo encargo! ¡Haz algo!".

"Qué insensato."

Aun quejándose, Sai se mantenía inexpresivo. Sacó su pergamino y, después de pensar un poco, movió su pincel.

"¡Ninpou: Choju Giga!"

Del humo apareció el cangrejo que derrotó Sakura en la cueva. Su cuerpo gigantesco se atoró entre ambos riscos y obstruyó la cañada.

¡Bum, bum, bum, buuum!

Las bestias águila no alcanzaron a esquivarlo, chocaron una tras otra con el caparazón del cangrejo y explotaron. Shikamaru levantó el pulgar, elogiando la astucia de Sai, quien asintió inexpresivo.

3

El Cuarto Raikage era un hombre "apasionado". Tanto su aspecto como su forma de hablar y su comportamiento estaban llenos de vigor. Además, como buen líder, siempre tenía en consideración el panorama en su totalidad: poseía la agudeza necesaria para tomar decisiones sensatas de manera inmediata.

La Luna, vista desde el centro de comando aéreo de Kumogakure, se hacía más grande cada día. Su superficie había colapsado en un sinfín de fragmentos que rodeaban la Tierra en forma de anillo. Desde la perspectiva terrestre, parecía que el cielo se había partido en dos.

"Es una lata destruir los meteoritos uno por uno. ¡La fuente del peligro es la Luna misma! ¡Deberíamos deshacernos de ella de una vez!"

"Excelente idea. Tu boca no fanfarronea. Pero ¿cómo nos deshacemos de la fea? *OH, YEAH!*" Preguntó entre rimas su hermano adoptivo amante del rap.

El Raikage era un líder realista, pero también un creyente de la fuerza. En cuestiones diplomáticas ponía como base el equilibrio del poder a través de la más pura disuasión. Mientras mantenía la paz con los cinco reinos, en secreto llevaba a cabo el desarrollo de la máxima arma destructora y la ocultaba detrás de un acantilado. Este equipo había sido ideado con el fin de combatir otros reinos, pero ahora pensaba utilizarlo para acabar con los meteoritos y eliminar la Luna.

La pesada puerta del almacén se abrió, revelando la gran arma con señal encendida de "Peligro": el cañón de *chakra*. Del resistente pedestal se extendía un cañón largo con tres aberturas: una grande al centro y dos más pequeñas a los lados.

"¡Las dos de abajo son cañones de *chakra* de difusión! ¡Pueden derribar varios objetivos a la vez! ¡Con esto podemos acabar con el anillo que rodea la Tierra de un golpe!" Dijo el Raikage apuntando el anillo que partía el cielo en dos.

"El de arriba es un cañón de *chakra* de espacio-tiempo capaz de lanzar el objetivo a un espacio aislado de un solo golpe. ¡Con este eliminaremos la Luna!"

"¡WOW, es enorme, *YO*! ¡Gigante, *YO*! ¡Tanto el arma como tu valor son grandes, *YO*!"

"¡Preparen el cañón de *chakra* en seguida!"

Cruzó los brazos, gruesos de todo su entrenamiento con pesas, y sonrió con osadía.

***

"Sí que es mejor cenar acompañado… Anda, háblame de ti." Toneri sonrió alegre, sentado al otro lado de la larga mesa cubierta con un mantel blanco.

En la mesa, decorada con flores y candeleros, estaba servida una comida lujosa. Los criados y sirvientas, marionetas todos, servían la cena de pie a un lado de Hinata.

Cuando estaba de buen humor como en ese momento, Toneri era un joven alegre y agradable. Aunque la vida solitaria, carente incluso de compañía para comer, le había retorcido el corazón, quizá en realidad fuera simplemente un hombre honesto.

Hinata pensó acerca de la posibilidad de hablar con él.

"¿No podrías todavía hablar con los representantes de los *shinobis* acerca de la paz y el futuro?"

"¿Qué?"

"Es verdad que hasta hace poco los *shinobis* solo habían usado el *chakra* para luchar, pero ahora es diferente. Ya

unimos las manos para proteger la paz que obtuvimos al fin. De manera que…"

"De cualquier forma, volverán a pelear. Nuevamente harán mal uso del *chakra*… Es necesario destruir el mundo del Sabio de las Seis Sendas."

"Pero…"

"No vuelvas a mencionarlo. Cállate y come."

"…"

Se irritaba en cuanto algo iba, aunque fuera un poco, en contra de su opinión. Era como un niño. Uno poderoso, además.

En el cielo que se alcanzaba a ver desde la ventana había una isla gigante flotando. Se trataba de una montaña rocosa donde estaba tallado el rostro de Hamura Otsutsuki. Se parecía a la Roca Hokage de Konoha.

"¿Y esa isla?"

Le preguntó Hinata a Toneri.

"¿Ya apareció? Es el templo de Hamura. Se acerca al castillo una vez al año, durante esta temporada."

"…"

Después de terminar de comer, Hinata salió al balcón del castillo y observó la isla, sola. Estaba demasiado lejos para alcanzar a verla con el Byakugan, pero sospechaba que ahí estaba escondido el Tenseigan de Hamura.

***

Shikamaru fue a ver cómo se encontraba Naruto. Este seguía dormido al lado de la fogata mientras que Sakura continuaba administrándole el tratamiento. Tenía las manos sobre el abdomen de su amigo, inyectándole su *chakra* y brío. Esas manos brillaban azuladas del *chakra* emergente, y el sudor que desprendía humedecía la ropa de Naruto. Ella también debía de estar exhausta.

Los usuarios de ninjutsu médico inyectaban su propio *chakra* a los pacientes, reforzando sus poderes curativos para salvarlos. Es decir, cuanto más grave fuera la condición del paciente más *chakra* consumiría el usuario del jutsu.

Sakura colapsará antes de curar a Naruto.

El daño había sido tan severo que dejó al usualmente férreo Naruto desmayado. Sakura tendría que usar una cantidad impresionante de *chakra* para curarlo.

"Ey, ¿qué te parece si tomas un descanso? Tú tampoco soportarás si te excedes."

La *ninja* continuó su tratamiento sin voltear a verlo.

"¿Cuánto tiempo nos queda?"

"No, no te preocupes por eso. Aún tenemos tiempo, así que relájate."

Shikamaru le dio una palmada en el hombro y se alejó de la fogata. Una vez solo, revisó el reloj en su palma. El tiempo seguía avanzando. Le había mentido para tranquilizarla. Frustrado, apretó el puño.

***

Hinata y Toneri visitaron el templo de Hamura en la isla flotante. Los acompañaron unas sirvientas marioneta.

"No me esperaba que tú misma dijeras querer visitar el templo. Seguramente a Hamura también le alegra." Toneri estaba de buen humor, pero, por supuesto, el objetivo de Hinata era buscar el Tenseigan.

En un altar bajo la tierra estaba consagrado un ojo gigante. ¿Era el Tenseigan? Le pareció haberlo encontrado con demasiada facilidad. En realidad, resultó que este santuario era un lugar que visitaban aquellos de bajo estatus; ese Tenseigan era una réplica.

"Te mostraré el verdadero Tenseigan de Hamura después de nuestra ceremonia nupcial."

Hinata se decepcionó al escuchar al joven decir esto. Alzó la cabeza y vio a lo lejos el castillo de Toneri, el cual estaba construido encima de una roca en forma de luna creciente, flotando en el aire. Había un pequeño cuerpo celeste abrazado por esa luna. Intentó mirarlo con el Byakugan, pero no fue capaz de espiar su interior.

Es el único lugar donde se distorsiona mi mirada.

Tenía una especie de barrera o algo similar que lo ocultaba de su Byakugan.

Ya veo… ¡Ese es!

Hinata descubrió su objetivo.

4

"¡Hinata!"

Shikamaru, dándole la espalda, apretó el puño al escuchar que Naruto había despertado con ese grito. Sintió alivio. Ya habían pasado tres días escondidos en esa cueva.

Sakura ya había dicho que lo peor había pasado, pero Naruto seguía sin recuperar la consciencia, de modo que aún se sentía ansioso. Después de todo, Naruto era el *shinobi* más fuerte del equipo; no podía prescindir de él para cumplir la misión. Por supuesto, también era un amigo irremplazable para Shikamaru.

La expresión del convaleciente, iluminada por la fogata, aún se veía vacía, pero ya estaba fuera de peligro.

"¿Y Hinata?"

Naruto se sentó mientras observaba a su alrededor.

"Está dentro del sol artificial." Contestó Shikamaru.

Naruto volvió a recostarse, poniendo la mano sobre su frente, como si intentara recordar algo.

"¿Sucedió algo entre Hinata y tú?" Preguntó Shikamaru.

"No, nada en especial."

Su amigo, pésimo mentiroso, volteó el cuerpo, dándole la espalda.

"Naruto-kun, parecías tener pesadillas. Murmurabas 'Hinata, Hinata…' También gritabas cosas vergonzosas."

Naruto no intentó moverse para responderle a Sai.

"Bueno, personalmente, haber escuchado ese lado sensible de ti me pareció material de estudio interesante acerca de la psicología humana."

"Ey…"

Incluso a Shikamaru le pareció reprochable el comentario de Sai. Naruto se levantó y se sentó frente a la fogata.

Después de un poco de silencio, la fogata crujió.

"Me... le declaré a Hinata." Susurró Naruto mientras miraba las llamas.

"¿Te le declaraste?"

Sai miró a Shikamaru.

"Eso que haces cuando le comunicas tus sentimientos románticos a la otra persona."

"Ah, ese 'declararse'. Sí, conozco el término."

"Pero me rechazó de inmediato…"

"¿N-no fue lo contrario?" Soltó Shikamaru sin pensar.

Aunque ya tenía una idea tras oír los refunfuños proferidos por Naruto mientras dormía, Shikamaru se quedó pasmado al escuchar que en verdad lo había rechazado.

La tímida y pura Hinata había estado profundamente enamorada del despreocupado e insensato Naruto. Todas sus amistades habían estado muy ansiosas durante largos años, angustiadas porque él nunca se daba cuenta y el romance seguía frustrado, sin avance. Resultaba que ahora, justo cuando la Tierra podría acabarse al día siguiente, fue el jinchuriki quien declaró su amor y ella lo rechazó.

"Me mandó a volar por completo…" Naruto dejó caer los hombros.

No entiendo qué sucede.

El hombre le declaró su amor a la mujer y esta lo rechazó. Tomando en cuenta las circunstancias de Naruto y Hinata hasta ahora, la conclusión era inesperada, pero se trataba de un asunto privado.

Shikamaru por fin recobró la calma y decidió que era hora de finalizar la charla. Su misión implicaba un gran

compromiso: en ellos recaía la vida de una niña y el futuro de la Tierra. Ya tendrían tiempo para hablar de lo relacionado con el amor más tarde.

Shikamaru vio de reojo el reloj en su palma.

"¡Vamos, de vuelta a la misión! ¡Debemos recuperar a Hanabi y a Hinata!"

"…"

Naruto no reaccionó.

"Naruto, ¿escuchaste? ¡De vuelta a la misión!"

"…"

Shikamaru deliberadamente habló con crueldad ante la actitud delicada del hombre rechazado.

"A ver, Naruto. ¿Te duele ver a la mujer que te rechazó? Pues sí, sería bastante patético. Pero ¿qué hay de Hanabi? ¿La abandonarás?"

"Y-ya lo sé. ¡No es que vaya a abandonarla!"

"No la abandonarás, ¿pero aun así no quieres ir? ¡Déjate de ingenuidades!"

"Aunque vaya por Hanabi, Hinata no fue llevada por la fuerza. Se fue con Toneri ella misma, caminando hacia él por voluntad propia." Susurró Naruto, con la mirada hacia el suelo.

***

Toneri observaba con satisfacción cómo Hinata tejía la bufanda. La noche en que la llevó al castillo por primera vez había utilizado un jutsu para leer su mente mientras ella continuaba desvanecida. En la burbuja que mostraba el interior de su mente solo se veía la imagen de Naruto.

"¡¿Por qué?! ¿Por qué en su mente nada más hay recuerdos del jinchuriki de ese vulgar y corriente zorro?"

Era algo inaceptable para él. Fue precisamente por eso que le pidió a Hinata que le tejiera una bufanda. Su enorme indignación se había calmado ahora que la veía tejer en silencio.

"Descansaré un poco en mi cuarto. Estaré esperando con ansias la bufanda."

Entonces partió. Una vez más comenzaron a dolerle los ojos. Ya en su cuarto, cayó agotado a la cama. Apretó sus globos oculares con las manos y gruñó.

"¡Lo siento! ¡Puedo sentirlo! ¡Ya casi nace el Tenseigan por completo!"

Su dolor representaba la esperanza de un futuro ideal.

Entre tanto, Hinata corría por el pasillo. Toneri no salía durante un buen rato cuando le dolían los ojos. Quería buscar

el Tenseigan ahora que tenía tiempo y, si le era posible, destruirlo de una vez.

El lugar en donde suponía que se localizaba se encontraba justo debajo del castillo. Era el pequeño cuerpo celeste que parecía abrazado por la roca en forma de luna creciente; el único sitio donde no funcionaba el Byakugan. Su vista se distorsionaba y no podía ver en su interior. Sucedía lo mismo que cuando intentaba ver esta base de operaciones desde afuera del sol artificial. No había duda de que dentro de la barrera contra el Byakugan se escondía el Tenseigan.

Hinata salió del castillo y, desde una esquina de la roca, bajó de un salto hacia el pequeño cuerpo celeste. Desde el exterior solo parecía un montón de piedra, pero tenía una entrada propiamente dicha, con un piso dentro, creado por la mano humana.

Avanzó por el corredor que parecía llevar al centro del lugar. En el amplio espacio central había una esfera flotante de dos metros de diámetro.

"Este es el Tenseigan de Hamura…"

Se colocó en posición para destruirlo, pero justo en ese momento un *shinobi* marioneta de gran estatura, con la cara vendada, la atacó acompañado de sus secuaces.

Atacó con el poderoso Juken[1] que le había enseñado su padre, Hiashi. Leyó el flujo del *chakra* con el Byakugan y atacó con el puño y la parte baja de la palma. Sin embargo, su cuerpo de pronto se paralizó. Inadvertidamente, Toneri ahora estaba detrás de ella. La había atrapado su jutsu.

El joven podía lanzar un poderoso *chakra* para controlar libremente los movimientos de su adversario.

"¿Qué pretendes?"

Toneri acercó a Hinata hacia él y la miró fijamente.

"¡Estás equivocado! Me encontré con el espíritu de Hamura en el cementerio de la línea principal de los Otsutsuki, aquellos que tus antepasados exterminaron, y me encomendó su verdadero mandato divino. ¡Estás distorsionando sus enseñanzas!"

"Así que me traicionaste."

"¡Hamura no desea destruir la Tierra! ¡No quiere acabar con el mundo del Sabio de las Seis Sendas!"

"¡Silencio! ¡Esas son mentiras! ¡Solo hay un mandato divino de Hamura y es precisamente destruir ese mundo tan perverso!"

---

[1] "Puño Suave"

Los *shinobis* marioneta ataron a Hinata y la llevaron al cuarto donde dormía Hanabi. Toneri, fúrico, agarró la bufanda a medio tejer que se había quedado junto la almohada donde dormía la hermanita de Hinata.

"¡Maldita sea! ¡¿También estabas tejiendo esta bufanda para él en lugar de para mí?!"

¡Rip!

Toneri desgarró la bufanda. La rompió con su poderoso *chakra* y la tiró. Después de pisotear los restos del tejido, acercó su rostro hacia Hinata.

"¡Me aseguraré de que jamás vuelvas a traicionarme!"

Introdujo el brazo derecho en la parte izquierda del pecho de Hinata, cerca del corazón. Ella se convulsionó y, en seguida, perdió toda expresión del rostro.

***

"Dijo que se casaría con Toneri…"

A un lado de la fogata, Naruto les explicó la situación a Shikamaru y a Sai.

"Hinata me tejió una bufanda… Cuando la vi quemarse, sentí como si nuestros lazos también fueran a desaparecer junto con ella… Tan solo recordarlo me deprime."

Hubo un momento de silencio.

"Eres extraordinariamente resistente al dolor de una batalla, de modo que me sorprende que seas tan débil ante el pesar del desamor… Eres mucho más melodramático de lo que esperaba."

"Sí… soy patético." Naruto, decaído, se acostó y les dio la espalda.

"No es que digamos que haya sido un error el que te hayas enamorado."

"…"

"A uno lo rechazan, suele suceder. Pero ¿te dejarás caer tan bajo como hombre y como *shinobi*?"

Naruto escuchó dándoles todavía la espalda.

"¿Ahora que cediste a la mujer, también desistirás de ser Hokage? ¡No lo creo! ¡Naruto no es un hombre indeciso! ¡¿A dónde se fue tu camino *ninja*?! ¡Patético! ¡Qué vergüenza! ¡Fuera de mi vista!"

"¡¿Qué te sucede?! ¡¿Quieres pelear, Shikamaru?!"

Naruto, enfadado, se levantó de un brinco y sujetó a Shikamaru del collar de la camisa.

"¡¿Acaso no eres un *shinobi*?!"

"…"

Naruto le dio un empujón y miró hacia la nada. Sai contemplaba la fogata en silencio.

"Naruto, sígueme."

"Ya, está bien. Ya entendí."

"¡Que vengas, dije!" Shikamaru lo azuzó y caminó al frente.

Llevó a Naruto hasta donde se encontraba Sakura, quien estaba recostada al lado de una fogata, exhausta.

"¿S-Sakura-chan?"

"Te envió casi todo su *chakra* para salvarte. Ahora terminó así." Explicó el líder de la misión en voz baja.

"¡Perdóname, Sakura-chan!"

Naruto se puso de rodillas a su lado. Ella abrió ligeramente los ojos y sonrió.

"Oye, Naruto, hace tiempo tú decías que yo te gustaba, ¿no es verdad?"

"…"

"Eso… solo lo decías porque a mí me gusta Sasuke-kun, ¿cierto? No querías perder contra él."

"…"

"Hinata es una buena chica... tanto que incluso diría que demasiado para ti."

"Sí... pero eso ya se acabó. Ella me dijo que se casaría con Toneri..."

"Y tan tonto que eres, ¿le creíste?" Rio Sakura burlona.

"Es que ella misma..."

"Es obvio que hay alguna circunstancia que no podía decirte. ¿Ni siquiera puedes confiar en la niña que te gusta? Deberías ver la expresión tan patética que tienes en el rostro. En serio, qué decepción."

"..."

"Escucha, Naruto. Si una mujer se enamora de verdad, sus sentimientos no cambian tan fácilmente. No pueden."

El rostro de Sasuke apareció en la mente de Sakura.

"Por lo menos, eso lo sé mejor que nadie." Y tras decir eso, cerró los ojos.

"..."

Aún al lado de Sakura, Naruto se abrazó las rodillas. Mientras la fogata iluminaba su perfil, su mirada no se movió de un solo punto y una lágrima recorrió su mejilla. Después de enamorarse en serio, confesarse y verse rechazado, ahora estaba tocando fondo. Había intentado subir los escalones del crecimiento, de la infancia a la adultez.

"Deberías ver la expresión tan patética que tienes en el rostro."

"Eres mucho más melodramático de lo que esperaba."

"¡¿A dónde se fue tu camino ninja?!"

Después de escuchar los argumentos irrefutables de sus compañeros, Naruto comenzó a recuperar fuerza y vigor poco a poco.

¡Crack!

Crujió la leña. Naruto asintió con fuerza y se limpió las lágrimas. Puso entonces una rodilla en el piso, al lado de su amiga.

"Sakura-chan… está bien. ¡Iré ahora a ver a Hinata una vez más!"

"…"

La *ninja* médica, aún con los ojos cerrados, asintió con la cabeza y sonrió.

"Gracias, Sakura-chan."

Naruto se levantó, lleno de fuerza y salió del escondite en la cueva… solo. El sol artificial arrojaba una luz como la de la Luna. Ahí se encontraba la persona a la que amaba verdaderamente.

Hinata… Soy un grandísimo estúpido, pero por fin lo entendí. Finalmente comprendí por qué me entregaste la bufanda cuando te fuiste con Toneri. Sé que tus sentimientos no se desbaratarán tan fácilmente como los hilos de la bufanda que tanto tiempo te tomó tejer. Hinata, espérame ahí. Por tanto, tanto tiempo... me amaste a pesar de que soy un idiota... ¡Ahora me toca a mí decírtelo!

"¡Hinata! ¡Yo te traeré de vuelta!" Gritó entonces con fuerza y extendió la mano como si fuera a tomar en ella aquel sol artificial.

Capítulo cuarto

Crónica de guerra y amor puro

1

La destrucción de la Tierra se acercaba con cada segundo. El gran refugio antiaéreo de Konoha se abarrotaba con miles de aldeanos. Todos estaban aterrados y enfadados.

Iruka había reunido a los niños para leerles cuentos infantiles. Su misión como maestro era defenderlos. Sin embargo, no tenía el poder necesario para llegar a destruir los meteoritos enormes que caían. Quería por lo menos hacerles olvidar el miedo, de modo que comenzó a leerles libros para tranquilizarlos.

"Dos niños cangrejos caminaban paso a pasito, paso a pasito…"

Buuum.

Retumbó un ruido misterioso que sacudió el refugio. Se acercaba un meteorito. Los niños miraron el techo, preocupados. Tsunade, quien estaba usando ninjutsu médico en los heridos, detuvo su curación por un instante.

¡Swooosh!

Resonó. Los niños temblaron.

"Está bien, ese estuvo lejos. Cayó a las afueras de la aldea. ¡Vamos! ¡Sigamos leyendo!" Iruka les sonrió a los niños y continuó con su lectura.

Había un cráter gigante en el distrito comercial. La explosión y los incendios de los alrededores habían provocado inmensos daños.

"¿No quedó nadie atrás? ¡Con excepción de los *shinobis* a cargo, todos evacúen al refugio!"

Kiba Inuzuka, vistiendo un chaleco que decía "Equipo de rescate", iba acompañado de su gran amigo Shino Aburame, ambos montados en el perro *ninja* Akamaru. Corrían entre los escombros buscando habitantes que se hubieran quedado atrás.

"¡Oye, Kiba!" Desde atrás, Shino apuntó con el dedo.

Encontraron al dueño de Ramen Ichiraku. Todavía seguía en su puesto, trabajando despreocupado.

"Señor, ¡¿qué demonios hace aquí?!"

"Pues los preparativos… Si no los hago, no podré ofrecer *ramen* mañana." Contestó entre refunfuños mientras lavaba cuidadosamente cada hueso de puerco y los metía en la olla.

Miraron hacia lo alto y se hallaron con varios meteoritos ardiendo en rojo que volaban por encima de sus cabezas mientras dejaban una gran estela a su paso.

"No tiene sentido preocuparse por el *ramen* de mañana… Después de todo, este mundo podría llegar a su fin hoy mismo."

Tenía toda la razón, pero la forma particular de expresarse de Shino hizo enojar al irritable Kiba. Estaba acostumbrado a escucharlo, pero no le agradaba ese tono en esta situación de emergencia. Aunque el tono no era lo único que le molestaba. También estaba dolido por no haber sido seleccionado para formar parte del escuadrón de búsqueda de Hanabi Hyuga.

Estaba seguro de que su sentido del olfato y el de Akamaru eran indispensables para una misión donde había que seguir el rastro de una niña secuestrada, pero la única elegida del Equipo Ocho había sido Hinata.

No tenía mucha relación con Hanabi, pero, siendo esta la última misión del último día de la Tierra, le habría gustado desempeñarse en una más vistosa, donde fuera el centro de atención, en vez de en el discreto equipo de rescate.

Justo cuando intentó injustamente hacerle un comentario sarcástico a Shino, el dueño, sin le habría gustado sus preparativos, dijo:

"No importa si mañana se acaba el mundo o el universo… Llegue o no llegue el mañana, yo haré mi mejor esfuerzo en lo que tenga que hacer hoy. Ese es mi camino del *ramen*, así es."

"¡!"

Aunque él no haya tenido esa intención, Kiba sintió que las palabras del dueño eran una crítica dirigida a él.

¡Wooow! Rayos... ¡Buena esa, don!

Kiba convenció a Shino y a Akamaru de ayudar al dueño.

"Puedo entender que reconozcas su camino del *ramen*. Pero ¿qué razón lógica tendríamos nosotros para ayudarle!"

"¡Cállate! ¡Simplemente me conmovió! ¡Eso es todo!" Rugió Kiba mientras lavaba los huesos de puerco, molesto por las palabras quisquillosas de su compañero.

Posteriormente, mientras Choji hablaba con Kiba y Shino en el cuartel antiaéreo, llegó un comunicado del equipo de bomberos. Kurenai, con Mirai en brazos, había vuelto a su departamento en llamas para recuperar una reliquia de Asuma. Choji corrió hacia allá y vio que el departamento de Kurenai estaba literalmente al borde del colapso.

El equipo de bomberos, formado por *shinobis* que usaban elemento agua, lanzaban el líquido sin parar, mas el fuego no se debilitaba.

"¡Kurenai-sensei! ¡Mirai!"

Ino y Shikamaru no podían acudir debido a sus respectivas misiones. Solo él podía proteger a Kurenai y a su hija.

Sin vacilar un momento, se lanzó hacia las llamas.

"¡Kurenai-sensei! ¡Kurenai-sensei!"

Alcanzaba a escuchar ligeramente los llantos de la bebé. Choji rompió la puerta de una patada y entró. Kurenai estaba en el piso, con las piernas atrapadas debajo de una viga, protegiendo a Mirai. Las llamas se acercaban. Kurenai extendió las manos, en un intento de pasarle su pequeña a Choji.

"Al menos sálvala a ella… ¡Por favor!"

El departamento entero comenzó a retumbar. Estaba a punto de colapsar.

Crack, crack, crack, ¡zaaas!

El techo quemado cayó, levantando chispas alrededor. Entonces Choji usó su jutsu Baika[1] y protegió a madre e hija debajo de su cuerpo.

"¡Ugh!"

Su espalda se quemó y desprendió un olor a piel achicharrada, pero, aun así, no se movió. Vio una foto de Asuma con el vidrio quebrado.

"¡Asuma-sensei! ¡Yo protegeré a Mirai-chan y a Kurenai-sensei!" Le gritó al retrato de su maestro.

Las abrazó y utilizó su Taijutsu Nikudan Sensha[2] para salir. El equipo de bomberos lanzó agua a su espalda aún

---

[1] "Multitamaño"
[2] "Bola de Cañón Humana"

en llamas. A un lado de su madre, gravemente herida y siendo llevada en una camilla, Mirai hacía una expresión de desesperanza.

"Mirai, no te preocupes. ¡Tu mamá se va a poner bien de inmediato!"

Después de decirle eso a la niña, de pronto se dio cuenta.

Ah, Mirai… Significa "futuro"… Ya veo.

Recordó aquello que le había parafraseado Kiba en el cuartel antiaéreo.

"Aunque no llegue el mañana, hay que vivir al máximo hoy… ¡Es grande el don de Ichiraku!"

En realidad, Choji no había entendido bien esta frase.

Si la Tierra se fuera a acabar ya, a él le gustaría dejarlo todo para comer la mayor cantidad de carne posible. Pero ahora, en cuanto dijo el nombre de la hija de Kurenai, se dio cuenta.

El futuro… Uno vive al máximo el presente precisamente porque cree en el futuro. ¡Así han llegado todos hasta el día de hoy, sobreviviendo y superando las muchas dificultades que cada quien vive!

Choji Akimichi derramó una lágrima viril.

***

Hiashi Hyuga vagaba solo por el desierto. Aunque apenas había sobrevivido a la pelea contra los *shinobis* marioneta, estaba gravemente herido.

Debo informar en la aldea de este temible plan… Era lo único que pensaba mientras caminaba.

Un hombre se detuvo frente a él, obstruyendo su camino. Lo miraba.

Hiashi sacó un *kunai* y se colocó en posición. Reunió el poco *chakra* que le restaba y activó el Byakugan. Reconoció entonces al hombre. Era un *shinobi* de Konoha. De pronto, perdió todas las fuerzas y cayó al suelo.

Un meteorito pasó sobre sus cabezas, tiñendo el cielo de un tono bermejo. La cara del hombre quedó expuesta. Era Sasuke Uchiha.

***

A la mañana siguiente, el escuadrón de Shikamaru abandonó el campamento montando cuatro aves de tinta. Sakura, si bien no había recobrado todo el *chakra* que perdió durante el tratamiento de Naruto, ya estaba recuperada.

"Es una gran *kunoichi*. No aceptaría quedarse atrás." Afirmó Shikamaru.

Desconocían tanto el estado de Hanabi y Hinata como el tipo de enemigos poderosos que les esperaban además de Toneri. No podían darse el lujo de prescindir de la usuaria del ninjutsu médico.

Las aves montaron la corriente mañanera ascendente y se elevaron poco a poco, girando. La moral del equipo estaba alta. Naruto, demostrando su determinación, miró el sol artificial sobre su cabeza. Cuando las aves de tinta estuvieron cerca de él, de su interior surgió una tropa de bestias águila montadas por marionetas. Era un número increíble de ellas, capaz de cubrir el cielo.

"¡Ey, apóyame!" Le gritó Shikamaru a Naruto mientras descendía debajo de la tropa enemiga.

"¡Rasen Shuriken!"

Del Rasengan surgió una cruz afilada de luz que comenzó a girar. Naruto tomó vuelo y lo arrojó. El Rasen Shuriken voló en forma de arco, derribando las tropas enemigas. Las bestias águila desgarradas cayeron fuera de la formación.

Shikamaru apuntó a una de ellas, moviendo al ave de tinta y lanzándose debajo de la bestia águila en picada. La sombra de la bestia cubrió su rostro. Este sonrió burlón e hizo un sello manual.

"¡Kage Kubishibari![3]"

Paralizó a la bestia águila con su jutsu y brincó sobre ella, controlando también a la marioneta que la montaba para dirigirla al sol artificial. La manipuló de igual modo a fin de que formara el sello manual que abría la puerta que conducía al interior.

"¡Síganme!"

Liderados por Shikamaru, el grupo se adentró en el sol artificial, cuyo interior estaba ahuecado. Había unas cuantas islas amplias flotando en el aire. También había otro sol sintético más pequeño.

Gooong, gooong.

Resonó un gong pesado desde la isla en forma de luna creciente en el centro del área.

"¡Entraremos en el núcleo enemigo!"

Avistaron la estructura de la isla flotante al acercarse. Parecía una luna creciente, pues se trataba de una esfera con el centro removido. Al centro del espacio hueco había un pequeño cuerpo celeste redondo. El castillo de diseño arcaico estaba construido justo encima de la esfera de la luna creciente.

Recibieron una ola de disparos al llegar al cielo del castillo. Estos surgían de cañones que disparaban pequeñas

---

[3] "Sombra Estrangulante"

burbujas a gran impulso. Las incesantes descargas crearon una cortina de balas.

Controlaron las aves para esquivar el ataque enemigo.

"¡Hay que descender al jardín!"

Shikamaru y Sai aterrizaron en el jardín del castillo rodeado de pináculos. Los proyectiles enemigos cayeron incluso ahí, ya que eran descargados desde los pináculos. En cuanto Shikamaru bajó de un brinco, el ave de tinta recibió un disparo y explotó. Se salvó por muy poco. En seguida encontró un punto ciego y se escondió del enemigo, seguido por Sai.

¡Pum, pum, pum!

Cayó la lluvia de disparos.

¡Swooosh, swooosh!

Las balas chocaron con la pared de piedra, rebotando y pasando al lado de sus orejas. Se agazaparon para evitar lo más posible salir del punto ciego. A través de la tormenta de polvo, vieron que Naruto y Sakura también habían aterrizado en el jardín

"¡Escucha! ¡Corramos hasta el edificio!"

"¡De acuerdo!"

Shikamaru le avisó a Sai y luego sacó unos guantes del bolsillo y se los puso.

"Así no podrás ver el reloj."

"Me estorba. No podré tomar las decisiones correctas si me preocupo por lo que dice. En serio, qué molestia."

Después de decir eso, abandonaron velozmente el punto ciego. Corrieron, corrieron y corrieron hacia el edificio, esquivando la lluvia de balas. Naruto alcanzó a Shikamaru. Estaba en modo Sabio... en modo serio.

"¿Puedes sentir el *chakra* de Hanabi?"

"Hanabi... ¡está en esa torre!" Naruto miró los edificios circundantes mientras corría y apuntó hacia una torre.

"¡Se las encargo!" Shikamaru volteó y les dejó el rescate de la pequeña a Sai y a Sakura.

La misión principal del escuadrón era salvarla. Sin embargo, ahora que sabían que estaban en la Luna, debían cumplir una misión más: salvar la Tierra. El jefe enemigo, Toneri, era muy hábil. Necesitarían del poder de Naruto para completar esta misión.

Así, el escuadrón se dividió en dos. Shikamaru y Naruto se infiltraron en el interior del castillo, donde *shinobis* marionetas aparecieron de frente para atacarlos. El segundo sacó volando de un golpe varias de las marionetas. Rotas, las piernas y los brazos de estas volaron por los aires. El jinchuriki no se detuvo y siguió corriendo por el pasillo.

Ese Naruto viene encendido...

Parecía una persona diferente al que vio cuando estaba decaído la noche anterior. Ahora sí podría pelear.

2

El sonido de los gongs que golpeaban los sacerdotes marioneta resonó por todo el castillo. Toneri y Hinata, cargados por las marionetas en una silla de manos, se dirigían a la capilla. Vestían turbantes grandes y ropas negras, el atuendo tradicional de matrimonio del clan Otsutsuki.

La forzada novia estaba sentada a un lado de Toneri, con expresión vacía.

"Anda, es nuestra boda. Pon un rostro más alegre."

Atendiendo la orden, Hinata sonrió mecánicamente y lo miró.

Una vez en la capilla, los sacerdotes formaron filas para recibir a los novios, quienes caminaron juntos hacia el altar. Un sacerdote hizo un sello manual y apareció un patrón a los pies de los contrayentes. Su diseño era el de una cruz doble: el escudo del clan Otsutsuki.

El sacerdote le dio a Toneri una oblea y este la tomó entre sus labios. Parte de la ceremonia de matrimonio de los Otsutsuki consistía en que el prometido le pasaba a

su enamorada una oblea de boca a boca. El joven, sosteniendo la oblea con la boca, acercó su rostro hacia el de
Hinata cuando…

"¡Hinataaa!"

Se escuchó el grito de Naruto desde lejos.

"Otra vez él." Toneri suspiró y cerró los ojos.

Naruto estaba furibundo. Por más tonto que fuera, incluso él entendería qué estaba por suceder al ver a la pareja
en vestimenta formal frente a un altar. Aun así, no dudó de
las verdaderas intenciones de Hinata.

*"Si una mujer se enamora de verdad, sus sentimientos no cam-
bian tan fácilmente. No pueden."*

*¡Seguramente la está forzando! ¡Seré yo quien estará a su lado,
no Toneri!*

"¡Malditooooooo!"

Corrió hacia el altar y se lanzó a golpear antes de hablar.
Entonces descendió una silueta, interponiéndose entre él y
su enemigo. Era la marioneta contra la que había luchado
antes. El *shinobi* alto con la mitad inferior de la cara vendada extendió su burbuja brillante como si fuera una espada
y se impulsó para cortar a Naruto. Los sacerdotes también
se arrojaron contra él en perfecta sincronía.

"Solo te diré esto: ¡tu puño jamás me alcanzará!"

Dejando esa declaración atrás, Toneri tomó a Hinata de la mano y desapareció por el pasillo al fondo del altar.

"¡Espera, infeliz!"

Pero Naruto no pudo deshacerse del *shinobi* alto ni de los sacerdotes. La fuerza individual de cada uno no era mucha, pero eran numerosos. Por más enemigos que abatiera, siempre aparecía uno nuevo. Además, los títeres no le temían a la muerte. De enfrentar humanos vivos, estos podrían temerle a su fuerza y huir, pero las marionetas no sentían nada de eso. Lo desafiaban a su máximo poder.

"Naruto, ¿y Hinata?"

"¡Toneri se la llevó!"

Shikamaru por fin lo alcanzó. Naruto le respondió gritando mientras golpeaba a los sacerdotes.

"¡Déjame estos a mí!"

"¡Gracias!"

Corrió hacia el pasillo en donde desaparecieron Toneri y Hinata. Las marionetas intentaron perseguirlo, pero Shikamaru les obstruyó el paso.

"Alto ahí. No los dejaré pasar. ¡Demos inicio al espectáculo de títeres!" Sonrió realmente divertido mientras hacía un sello manual.

***

El número de meteoritos cayendo sobre Sunagakure era cada vez mayor, lo que aumentaba considerablemente la destrucción. Gaara se encontraba en la azotea de un edificio desde donde se podía apreciar toda la aldea, mirando el firmamento.

"¡Kusa Boheki![4]"

Extendió las manos y apareció una enorme cantidad de arena cubriendo el cielo de la aldea. El escudo de arena bloqueó el impacto del meteorito.

En Konoha también estaba a punto de caer otro bólido.

"¡Viene en dirección de las seis en punto! ¡E-es enorme!"

"¡Todos colóquense en formación de grulla!"

Siguiendo la orden de Kakashi, Rock Lee y los otros seis miembros del Escuadrón Suicida brincaron. La alineación indicada consistía en una fila horizontal dispuesta en la forma de las alas extendidas de una grulla. Tenía el propósito de rodear al enemigo, asaltarlo y exterminarlo.

El meteorito gigante se acercó. El Escuadrón Suicida comenzó a dispersarse cada vez más. El *chakra* de los siete se sobreponía, semejando una espada que cortó la roca por el centro.

---

[4] "Muralla de Arena Aérea"

"¡Keimon[5], ábrete!"

El ataque del escuadrón destruyó la mayor parte de la amenaza, pero unos fragmentos mantuvieron la forma y continuaron cayendo.

"¡M-maldición!" Gritó Lee, volteando hacia atrás.

"¡Retirada! ¡Retirada! ¡Huyan todos!" Gritó Tenten.

Un fragmento de diez metros de diámetro descendía sobre la cabeza de Kakashi.

"¡Uh!"

Kakashi miró por encima de él. La sombra de la roca gigante lo cubría por completo. Justo cuando empezaba a aceptar la muerte, sus alrededores comenzaron a moverse como si estuvieran en cámara lenta. De pronto, resonó un ruido eléctrico intermitente.

Tch, tch, tch, tch.

Este ruido… ¿acaso es el Chidori?

¡Puuum!

Se percibió un destello y el meteorito se despedazó varios metros arriba del Hokage. Entre el humo de la explosión, parado frente a él estaba… ¡Sasuke! Parecía moverse a una velocidad increíble. Kotetsu e Izumo probablemente no podían verlo.

---

[5] "(Sexta) Puerta de la Visión"

"¡Sasuke!"

"Mientras él no esté aquí… yo soy el único verdaderamente capaz de protegerte."

Después de decir eso, su aprendiz más fuerte y problemático desapareció.

¿"Él"? Me imagino que se refiere a Naruto… Ja, ja, ja.

"¡Hokage-sama!"

Kakashi se giró al escuchar la voz de Izumo y encontró ahí desplomado a Hiashi, quien había estado desaparecido hasta ese momento. Kotetsu corrió de inmediato hacia él y lo levantó.

¿Acaso esto también es obra de Sasuke?

Agradeciéndole en su mente, Kakashi llamó al equipo de rescate.

3

Sakura y Sai entraron en la habitación de la torre que les indicó Naruto.

"¡Hanabi!" Gritó Sakura en cuanto la vio acostada en la cama.

Habían entrado al fondo de la tierra y llegado hasta la Luna en su búsqueda. Corrió hacia la niña y le ejecutó un chequeo médico.

"No puede ser…"

En seguida notó que le habían quitado ambos ojos.

"¿Cómo pudo hacerle esto a una niña pequeña?" Susurró Sai detrás de ella.

Pero Hanabi aún estaba viva. Quizá podrían salvarla con el ninjutsu médico. Sakura recordó a Tsunade realizando los tratamientos sin perder la esperanza, por más crítica que fuera la condición del paciente.

"¿…?"

Sakura vio los restos de la bufanda tirada en el piso y la levantó. Tenía memoria de haber visto una así antes.

"Esta la tejió Hinata…"

Toneri y Hinata estaban en la Sala de la Reencarnación. Se encontraban en un aparato especial en forma de cuna al que él llamaba "Arca". En su interior había miles de burbujas dentro de las cuales estaban todos los seres vivos de la Tierra, en parejas de macho y hembra. Estas criaturas serían el origen del nuevo ecosistema una vez que el entorno terrestre volviera a la normalidad. Los desposados también dormirían en esta arca, para convertirse en el origen de la nueva humanidad.

"¡Hinataaa!"

Naruto corrió hacia ellos.

"¡Desgraciado, ¿qué le hiciste?! ¡Devuélvemela!"

"Está bien, te la regreso."

Toneri le dio una orden a la chica con la mano y ella corrió hacia Naruto. Analizándolo con mirada penetrante, lo atacó con su Juken.

"¡Hinata, detente! ¡Soy yo! ¡Detente!"

Le había robado la consciencia y ahora la manipulaba como a una de sus marionetas. Aun sabiéndolo, Naruto le hablaba instintivamente. Podría derrotarla en seguida si peleaba en serio, pero la lastimaría si lo hiciera. No tenía opción alguna más que seguir esquivando sus ataques.

"Ah, ja, ja. ¿Qué te parece la habilidad de mi esposa!"

"Maldición…"

Naruto asió la muñeca de Hinata con la mano izquierda y apretó el puño derecho, mismo que comenzó a brillar.

"¡Hinata, soporta solo un poquito!"

Después de decir eso, clavó el puño en la parte izquierda del pecho de Hinata, quien comenzó a convulsionarse con violencia.

"Resiste… Terminaré de inmediato."

La mano derecha de Naruto buscó dentro del cuerpo de la joven. Tenía una burbuja pegada en el corazón. La sujetó y esta comenzó a brillar intermitentemente. En ese momento pudo observar la mente de la *kunoichi*. Una bufanda tirada, despedazada; Hinata colocada como decoración en la pared al lado de unas marionetas… Volvió en sí realmente enfurecido.

"Toneri… ¡¿Cómo te atreves a tratar a Hinata como si fuera un títere?!"

Dejándose llevar por la cólera, extrajo la funesta burbuja y la aplastó.

Hinata se desmayó y colapsó. Entonces su cuerpo se alejó con fuerza de los brazos de Naruto. Toneri lo había jalado, levantando la mano.

"Ja, ja, ja. Es mía. La tomaré de vuelta."

"¡Hinata!"

Naruto soltó un grito y corrió hacia el Otsutsuki. Este le mostró la palma de la mano.

"¡Atrás!"

¡Puuuum!

Una fuerza violenta hizo volar a Naruto y su espalda se incrustó en la pared.

"Ugh…"

La fuerza era tan aplastante que no era capaz de respirar. Todavía en los brazos de Toneri, Hinata poco a poco empezó a despertar.

"Aún es muy pronto para que despiertes." Dijo y comenzó a empujar una nueva burbuja hacia el fondo del pecho de la joven, cuando... de pronto comenzó a gruñir, apretando los ojos.

"Uuuh... Maldición... el último alumbramiento..."

No pudo resistirlo y puso una rodilla en el piso. Hinata recobró la consciencia y, tambaleante, se alejó de él huyendo débilmente.

Naruto usó todas sus fuerzas para salir de la pared. Había recibido bastante daño, pero aún no se daría por vencido: estas eran las agallas de un *shinobi*.

"¡Naruto-kun!"

Sin dudarlo, corrió hacia él. Sus ojos blancos estaban temblorosos. Naruto lo comprendió instintivamente: había vuelto. No era la misma Hinata cerrada que se había ido con Toneri.

"Naruto-kun, lo siento..."

"No, yo soy quien debe disculparse. Pero primero debemos encargarnos de él..."

Toneri seguía hincado, inmóvil.

Naruto sacó un *kunai* de la manga y se puso en posición. Era su oportunidad para derrotar al enemigo, pero varios *shinobis* marioneta descendieron del techo, cargaron a su amo y escaparon.

"¡Espera!"

Él intentó perseguirlos, pero la joven lo detuvo.

"¡Naruto-kun! No tenemos tiempo. ¡Hay que destruir el Tenseigan de Hamura ahora que Toneri no es capaz de moverse!"

Hinata lo apresuró y Naruto la siguió.

"¿Qué es eso del Tenseigan de Hamura?"

Mientras corrían, Hinata le explicó todo acerca de Hamura Otsutsuki y sobre cómo su Tenseigan estaba moviendo la Luna. Salieron del castillo y corrieron hacia la entrada del pequeño cuerpo celeste. Llegaron hasta donde se localizaba el gigantesco Tenseigan.

"¿Conque la Luna se detendrá si destruimos esto? ¡Bien! Usaré mi Rasengan…"

Comenzó a formar su Rasengan, cuando ella, llena de inquietud, lo detuvo.

"¡No! Este Tenseigan tiene una maldición que roba el *chakra* de los *shinobis* ajenos al linaje de Hamura."

Tras decir eso, Hinata se puso en posición para usar su Juken. Sus dos manos comenzaron a brillar, reuniendo

chakra. Las llamas de ese *chakra* parecían rostros de león. Entonces saltó.

"¡Hakke Sojishi Hogeki![6]"

Golpeó el Tenseigan.

¡Pum!

Este comenzó a brillar por el impacto.

¡Chs, chs, chs, chs!

No obstante, el resplandor se debilitó gradualmente y el Tenseigan continuaba sin un rasguño.

"No puedo destruirlo." Murmuró Hinata, derrotada.

"¿Ahora qué hacemos?"

Naruto recordó por un momento los ojos calmados de Shikamaru cuando lo agarró del collar de la ropa la noche previa. Él no tenía la calma ni la sabiduría de su amigo, pero no perdía ante él en cuanto a habilidad con los jutsus.

Sí… ¡Debemos compensar mutuamente lo que a cada uno nos hace falta!

Hinata podía tocar el Tenseigan, pero le faltaba *chakra*. Por otra parte, Naruto no podía tocar el Tenseigan, pero

---

[6] "Ocho Trigramas: Golpe Demoledor de Leones Gemelos"

tenía una cantidad enorme de *chakra*. Él pensó que podrían lograrlo si unían sus fuerzas.

"¡Hinata, cédeme algo de tu *chakra*! Quizá así podamos romper esta cosa."

"¡Sí!" Contestó la muchacha con una sonrisa y se tomaron de las manos.

Naruto y Hinata dieron un gran salto. Entre sus manos enlazadas aparecieron el Rasengan y el Hakke Sojishi Hogeki y se unieron.

"¡Uooooo!"

"¡Aaaaaah!"

Juntos golpearon el Tenseigan.

¡Pum!

Comenzó a fulgurar con muchísima más fuerza que la ocasión anterior.

¡Chs, chs, chs, chs! ¡Chs, chs, chs, chs!

Al final, el Tenseigan de Hamura explotó, destruyéndose. Justo cuando desapareció, Naruto vio miles de ojos volar y dispersarse. Todos estos eran Byakugan.

"¿El Tenseigan de Hamura… era una masa de Byakugan?" Susurró Naruto abstraído.

4

Shikamaru sonreía irónicamente mientras hacía sellos manuales en la capilla. Lo divertía verdaderamente hacer que los sacerdotes pelearan entre sí con su jutsu Kage Kubishibari. Apareció entonces ante él una gran cantidad de nuevas marionetas.

"Demonios. Contra tantos se me acabará el *chakra*…"

Justo cuando intentó contraatacar, las marionetas se detuvieron de repente. Cayeron al piso como los títeres sin cuerdas que eran. Además, el exterior de la ventana se tornó oscuro de pronto.

"¿Qué? ¿Qué está sucediendo?"

La membrana externa del gigantesco sol artificial se había roto y caído. La roca donde se encontraba el castillo de Toneri ahora estaba expuesta, flotando en el centro de la Luna.

La oscuridad no era total debido únicamente al pequeño sol artificial que funcionaba como luz de noche, el cual emanaba un brillo tenue.

De cualquier manera, era claro que el sistema usado por el Otsutsuki para mover la Luna había comenzado a desmoronarse.

Shikamaru, apurado, se retiró el guante y miró el reloj en su palma. ¿Se había detenido?

***

"¡Hokage-sama! ¡La Luna dejó de aproximarse!"

Al escuchar la voz de la astrónoma, Kakashi instintivamente se miró la palma de la mano. En efecto, el reloj se había detenido.

El Hokage había tomado acción en varios puntos secretamente para detener la Luna. Entre estos planes, del que más esperaba resultados era el del escuadrón encabezado por Shikamaru.

Aún no sabía si la Luna se había detenido gracias al trabajo de Naruto y los otros, pero tuvo un presentimiento.

Naruto… ¿de verdad fuiste tú? Habló Kakashi con su confiado aprendiz dentro de su corazón.

Entonces se escuchó un disparo que resonó como un terremoto, y se vio en el horizonte una bala de luz que dejaba atrás un rayo y se dirigía a los cielos.

¡Whooosh! ¡Bububuuum!

"¡!"

El proyectil luminoso se dirigió hacia el anillo formado de fragmentos de la Luna que rodeaba la Tierra y siguió

ascendiendo hasta dispersarse al final, convirtiéndose en una nube roja al llegar al anillo.

Sucedió explosión tras explosión. Los fragmentos de la Luna sobre sus cabezas desaparecieron como si se hubieran evaporado.

"¡Comunicado de emergencia desde Kumogakure! ¡Convocan a una reunión con los cinco Kages!" Reportó Ino desde el centro de comunicaciones.

Cuatro monitores mostraron al Raikage, al Tsuchikage, a la Mizukage y al Kazekage, Gaara. Kakashi se sentó de frente a estos.

"¡El cañón de *chakra* de difusión de mi aldea destruyó todos los fragmentos de la Luna!" Declaró colmado de orgullo el Raikage.

"Quién diría que tenían escondida un arma así... Vaya que no podemos bajar la guardia con el Raikage-dono." Rio burlesco el Tsuchikage.

"¡A continuación usaremos el cañón de *chakra* de espacio-tiempo para deshacernos de esa molesta Luna!"

"¡¿Destruirán la Luna?!"

Kakashi se quedó sin palabras.

Sai, con Hanabi en brazos, Sakura, Naruto y Hinata se reunieron en la capilla, donde se encontraba Shikamaru. Los compañeros festejaron el reencuentro. Hinata corrió hacia su hermana.

"Hanabi… Qué alivio… Gracias a todos."

Según dijo Sakura, Hanabi, aun cuando había perdido los ojos, no estaba en riesgo mortal.

"¡Mira, la Luna se detuvo!"

Shikamaru le mostró a Naruto el reloj de su palma. Naruto le reportó que habían destruido el Tenseigan de Hamura y que probablemente por eso se había detenido.

"Esto es tuyo, ¿no, Hinata?" Sakura le dio el trozo de bufanda. Al verlo, Naruto dijo:

"¿No es esa la bufanda que destrozó Toneri?"

Cuando agarró la burbuja en su pecho para liberar a la chica del jutsu de marioneta, Naruto vio sus recuerdos.

"Pensabas dársela a Naruto, ¿no es así?"

"…"

Hinata miró los restos de la bufanda y, acongojada, asintió con la cabeza.

"¿De verdad… la tejiste para mí?"

"S-sí…"

"¿Me puedo quedar con ella?"

"Pero está hecha trizas…"

"No importa… Más bien, así la quiero."

Hinata le quitó el polvo y se la entregó a Naruto.

"Gracias… La atesoraré." Dijo él mientras le sonreía lleno de afecto.

5

"¡Mientras esté esa bomba a la que llaman Luna encima de nuestras cabezas, la Tierra no podrá dormir en paz!"

El Raikage decía que mandarían a la Luna a un espacio aislado con su cañón de *chakra* de espacio-tiempo.

"Hokage-sama, no puede hacer eso… ¡Conllevaría un peligro exorbitante deshacerse de la Luna!" Aconsejó la astrónoma a Kakashi en voz baja desde atrás.

"Bueno, hay que pensarlo con calma. La Luna ya se detuvo, así que…" Comenzaba a decir el Sexto hacia la cámara, cuando el Tsuchikage mostró su reloj en la palma de la mano y dijo:

"No, parece que no se ha detenido."

"¡!"

Kakashi miró su la palma. El reloj había comenzado a moverse otra vez.

***

En el jardín del castillo, también Shikamaru observaba con asombro su reloj.

"¿Por qué se está moviendo de nuevo?"

"Ni idea."

El avance del reloj significaba que la Luna había comenzado a moverse una vez más. Sin embargo, el sol artificial había colapsado y las marionetas no parecía que fueran a moverse. No creían que el Tenseigan de Hamura se hubiera recuperado.

"¡Shikamaru, mira eso!"

Al ver en la dirección que apuntaba Sakura, encontró una cara enorme asomándose del techo del castillo: una estatua de piedra. La gigantesca efigie se movió y extendió la mano hacia Naruto y los demás.

"¡Dispérsense!"

Por casi nada, el grupo alcanzó a escapar de un salto.

Naruto brincó con Hinata en brazos.

¡Puuum!

El puño gigante se enterró en el jardín. Acabaría con ellos si no hacía algo. Naruto cambió al modo *chakra* del Nueve Colas.

"¡Kuramaaa!"

En respuesta al llamado de su jinchuriki, el Kyubi, Kurama, apareció y detuvo a la estatua.

"¡Guooo!" Rugió y arrojó el gigante cuerpo de esta. La enorme figura cayó sobre el techo, destruyendo de un golpe el castillo de Toneri.

Sai sacó sus aves de tinta y el grupo voló por los aires. La estatua recuperó la postura y se lanzó de cabezazo hacia Kurama, el cual recibió el impacto con el pecho y se vio impulsado hasta el borde de la isla flotante.

Un amplio espacio se extendía detrás del Kyubi. El sol artificial ya había perdido por completo su membrana exterior, por lo que no había nada que obstruyera los mil metros que mediaban hasta la superficie. Además de eso, en ella se encontraba el orificio gigante que conducía al espacio exterior. El borde de la isla flotante colapsó y el Zorro de Nueve Colas cayó sujetando la escultura de piedra.

"¡Kuramaaa!" El grito de Naruto hizo eco.

Los dos gigantes cayeron en el hueco y desaparecieron.

"¡Naruto, aquí viene Toneri!"

El aspirante a Hokage volteó al escuchar la voz de Shikamaru. El quizá último descendiente de los *shinobis* de la Luna, montado en una bestia águila, se dirigía directamente hacia él.

"Ah, ja, ja, ja… Ya no necesito el Tenseigan de Hamura… ¡Solo tengo que usar mis propios ojos! ¡Con ellos destruiré la Tierra! ¡Acabaré… con tu mundo!"

En el Byakugan que había robado de Hanabi ahora había un patrón de doble cruz. Por fin se había manifestado el Tenseigan de Toneri. El joven estaba totalmente envuelto en llamas de *chakra* y, además, controlaba uno en forma de rosario gigante. Eran esferas de luz sobrepuestas, semejantes a la que le había robado el *chakra* a Naruto.

"¡Ginrin Tensei Baku![7]"

El rosario comenzó a girar a gran velocidad y provocó un tornado de *chakra* que se tragó a Naruto y a los demás. Dentro del torbellino, él y Hinata se tomaron de la mano para resistirse. No soltarían la mano del otro por más que los hicieran girar o volar. Después de un tiempo, el meteoro atravesó la corteza interior de la Luna y se elevó hasta la superficie.

---

[7] "Explosión de la Rueda Plateada de Reencarnación"

***

Kakashi recordó lo que había dicho Hiashi Hyuga en el camastro del centro de rescate.

"No dejes… No permitas que destruyan la Luna…"

"¿Por qué lo dices?"

"Creo que ahí están Hanabi… y Hinata…"

Hiashi, moribundo, perdió la consciencia tras decir eso.

No podía entrar en contacto con Naruto o los demás, pero era poco admisible pensar que estaban en la Luna.

"¡Emergencia!" Gritó a su lado la astrónoma.

"¡El Nueve Colas se encuentra en la superficie lunar!"

"¿Que Kurama está en la Luna?"

Según la astrónoma, el Nueve Colas estaba peleando contra una estatua gigante en la Luna.

Si él está ahí… significa que Naruto también. ¡¡De verdad están todos en la Luna?!

Hiashi había dicho la verdad.

"¡Monitorea la superficie lunar! ¡No apartes los ojos de Kurama!" Le ordenó Kakashi a la astrónoma.

6

La batalla del Kyubi contra la monumental escultura continuaba en la superficie lunar. Aquel se alejó de la estatua, abrió la boca y cargó su Bijudama[8].

¡Piuuu!

El *chakra* altamente concentrado salió disparado de su boca hacia su adversaria.

¡Puuum!

Impactó contra el brazo izquierdo y el costado de la efigie, destrozándolos.

Pensó que había acabado con ella, pero un momento después Kurama vio algo increíble: la figura comenzó a regenerarse. Empezó a juntarse roca en la parte destrozada, retornando su cuerpo a la normalidad.

La estatua, recuperada, rugió y comenzaron a llover meteoritos sobre el Kyubi.

***

La recarga del estremecedor cañón de *chakra* de espacio-tiempo avanzaba incesantemente: 85, 88, 90, 93 porciento... Su extremo comenzó a brillar. Killer B estaba sentado en el asiento del operador.

[8] "Esfera de la Bestia"

El Raikage miró arriba la Luna que estaba a punto de destruir y tembló de emoción. No hesitaba en usar el cañón de *chakra* de espacio-tiempo. Solo faltaba esperar a que se cargara el *chakra* al 100 porciento.

"¡99 porciento de carga!" Anunció el asistente de disparo.

Entonces llegó una llamada de emergencia del Hokage.

"¡¿Qué quieres ahora?!"

"No uses el cañón de *chakra* de espacio-tiempo. Naruto y su grupo están en la Luna. Por favor. Aún queda una hora para el límite del aproximamiento lunar." Dijo Kakashi a través de la pantalla.

"¡Eso no cambia nada! Lo siento por Naruto, pero esta vez tendrá que sacrificarse por la Tierra."

Seguramente si estuviera en su lugar, es decir, si el valeroso Raikage se encontrara en la Luna, no dudaría en ordenar que usaran el cañón de espacio-tiempo. Eso significaba ser un *shinobi*. No se les permitía manejar el peligroso *chakra* sin estar preparados para eso.

"Raikage-dono… Yo también te lo pido. ¿Podrías esperar solo una hora?"

"Yo también estoy de acuerdo. Naruto es el héroe de la pasada Guerra Mundial. Creo que vale la pena apostar por él."

El viejo taimado del Tsuchikage se mantenía callado, pero Gaara y la Mizukage apoyaban a Kakashi.

"Solo una hora. Definitivamente, ellos abrirán paso al futuro en ese lapso."

"¡¿Cuál es tu fundamento para pensar que son capaces de hacerlo?!"

"¡Yo creo en mis subordinados! ¡No los enviaría en misiones peligrosas si no confiara en ellos!" Declaró Kakashi con firmeza.

***

El tornado de Toneri había lanzado a Naruto y a Hinata hasta la superficie de la Luna.

"Hinata, ¿estás bien?"

"Sí."

Entonces cayó una gran roca sobre sus cabezas y explotó. Se levantó una densa nube de polvo.

"¿Hinata?"

No la veía por ninguna parte. Naruto rebuscaba apurado a su alrededor cuando una sombra enorme lo cubrió desde arriba. Volteó y se encontró con un Toneri que montaba una bestia águila y agarraba a Hinata del cabello.

El Otsutsuki creó una jaula grande para aves a partir de una de las esferas de su rosario. Arrojó a a la muchacha adentro y la encerró.

"¡Mira sus últimos momentos desde ahí!"

El Tenseigan de Toneri brilló y piedras de todos tamaños llovieron sobre Naruto. Una grande lo golpeó directamente y el héroe desapareció entre la nube de polvo.

"¡N-Naruto-kun!" Gritó Hinata aferrada a los barrotes de la jaula.

Algo brilló entre la polvareda y, un instante después, un Rasen Shuriken que voló hacia ellos atacó a la bestia águila de Toneri, cortándole un ala. Este usó su rosario de *chakra* como escudo y justo alcanzó a protegerse de las hojas del potente ataque.

"¡Naruto! ¡Ahora voy yo!"

Toneri hizo brillar su Tenseigan y planeó hacia Naruto. Agarrados uno del otro, volaron de lado a lado sobre la superficie lunar.

"¡Yo estoy en lo correcto! ¡He estado reflexionando solo por un largo largo tiempo! ¡No puedo estar equivocado!" Toneri recordó aquella época donde estaba solo en la Luna, abrazándose las rodillas mientras veía la Tierra azul.

"¡No perderé! ¡No puedo perder! ¡Protegeré la Tierra, la aldea, a mis amigos, el futuro!" Naruto también evocó el tiempo cuando estaba solitario en un columpio del parque.

Ambos conocían lo difícil que era la soledad, pero ahora sus pensamientos eran los contrarios. Naruto y Toneri chocaron frente a frente.

"¡Ginrin Tensei Baku!"

"¡Rasenrengan![9]"

Los ataques impactaron uno contra otro, repeliendo a su opuesto. Naruto se detuvo en el aire y su enemigo volvió a confrontarlo, conectó su rosario de *chakra*, esfera por esfera, y lo extendió verticalmente. Este se estiró cada vez más hasta llegar a convertirse en una espada refulgente que Toneri blandió.

"¡Kinrin Tensei Baku![10]"

La gran espada de luz atacó a Naruto y cortó incluso la superficie lunar.

***

"N-no puedo creerlo…"

Susurró la astrónoma en el centro de comando antiaéreo de Konoha.

"L-la Luna…"

"¡¿Qué?! ¡Reporta bien!"

---

[9] "Esferas Giratorias en Serie"
[10] "Explosión de la Rueda Dorada de Reencarnación"

"¡La Luna se partió!"

"¡¿Qué?!"

Kakashi miró hacia arriba y notó que, efectivamente, había una fisura en la superficie lunar.

Quedaban diez minutos para que se disparara el cañón de *chakra* de espacio-tiempo. Kakashi no podía hacer más que orar por el bien de Naruto y los demás.

***

Gracias al impacto de la espada de luz, el lugar estaba cubierto de humo.

"Se acabó…"

Hinata estaba sentada, desconcertada, en la jaula al lado de Toneri. Varias lágrimas brotaron de sus blancos ojos bien abiertos. Entonces la superficie de la Luna crujió.

"¡!"

Toneri levantó la guardia.

"¡Aún no terminooo!" Resonó una voz. Un sinfín de Narutos emergieron de la grieta provocada por la espada de Toneri.

"¡¿Qué?!"

"¡Súper Gran Rasen Tarengan![11]"

Cientos de clones de sombras volaron hacia Toneri, con sus Rasenrengan en las manos.

"¡Kuh!"

Usó el rosario de *chakra* como barrera para protegerse. Los cientos de Rasenrengan chocaron con ella y estallaron. El Otsutsuki se mantuvo ileso al otro lado de su defensa, hasta que Naruto apareció por debajo de él.

"¡!"

Entonces perdió el equilibrio. Naruto lanzó el Rasengan desde atrás e hizo explotar la barrera desde dentro. Toneri apenas consiguió protegerse con las manos y salió proyectado por los aires.

"Ja… No sabes cuándo rendirte."

"¿Quién se rendirá? ¡Tejer bufandas es algo tardado!"

Naruto sacó del bolsillo los restos de la bufanda que tejió Hinata.

"¡Mientras nuestros sentimientos no alcancen al otro, la bufanda se hará cada vez más y más larga!"

Con ambas manos, Toneri empezó a formar una masa de *chakra* que comenzó a expandirse.

---

[11] "Súper Esfera Múltiple"

"¡Con esto acabaré con todo!"

"¡¿Y crees que consentiré que termine aquí?!"

Naruto corrió.

"¡Se necesita aún mucho tiempo para transmitir esos sentimientos! ¡¡Por esa razón no puedo dejar que termine tan fácilmente!!"

Ya no requería más jutsus o técnicas… ¡Con un puño era suficiente! Lo lanzó con todo su ser desde el frente.

¡Buuuum!

Debido al impacto, la superficie lunar se hundió intensamente donde pisó Naruto. Toneri salió disparado como un proyectil debido al golpe y se estrelló a gran velocidad contra una montaña, enterrándose profundamente en ella.

"N-no puede ser… Me derrotó a mí, el rey del Tenseigan … con un solo puño…"

El Tenseigan de Toneri perdió el brillo.

7

La jaula que mantenía atrapada a Hinata desapareció. Naruto y ella corrieron el uno hacia el otro.

"¡Hinata!"

"¡Naruto-kun!"

Aliviados de haber terminado la batalla, se contemplaron mutuamente por algún tiempo. Después corrieron hacia su enemigo, para recuperar el Byakugan de Hanabi.

"Tomaré de vuelta los ojos de mi hermana."

"De-detenteee…"

El grito de Toneri resonó por la superficie de la Luna.

Habiendo perdido los ojos otra vez, el muchacho tenía la respiración entrecortada. Naruto se acercó unos pasos hacia él.

"Toneri… ya se terminó." Le dijo.

"¡Aún no!"

El *shinobi* lunar, ya sin ojos, levantó la cara y sonrió con audacia. El Tenseigan de Hamura lo conformaban los Byakugan de las generaciones del clan Otsutsuki. Por eso todos sus miembros carecían de ojos.

Cuando Naruto y Hinata lo destruyeron, el Tenseigan volvió a convertirse en esos miles de Byakugan que se dispersaron. Este sinfín de Byakugan diseminados por la Luna ahora comenzaban a vibrar. Se levantaron y volaron hacia un solo destino: Toneri. Se adhirieron uno tras otro a su cuerpo. El apuesto joven comenzó a transformarse en un grotesco monstruo.

"¿Q-qué está sucediendo?"

"Estos son los ojos... ¡Con estos ojos le daré fin a todo!"

Unos minutos atrás, la estatua contra la que peleaba Kurama se detuvo.

"¿Hm?"

El Kyubi no sabía qué había ocurrido. Sin embargo, la estatua comenzó a moverse una vez más y a golpearlo.

"¡Qué terca ereees!"

Kurama se enfadó y lanzó desde abajo su Bijudama más grande. La efigie la recibió de cerca y voló alto hacia los cielos de la Luna.

Shikamaru y los demás, montados en aves de tinta, volaron a la superficie lunar para reunirse con Naruto y Hinata. Hanabi también los acompañaba, pues Sai la llevaba en brazos.

Toneri, ahora un monstruo de ojos con Byakugan pegados por todo el cuerpo, comenzó a formar *chakra*.

"¡Ya detente! ¡Tú solo seguiste las enseñanzas equivocadas de tus antepasados!"

No escuchaba por más que le reprochara Hinata.

"¡Silencio! Soy el último del clan Otsutsuki. ¡Debo cumplir el mandato divino de Hamura!"

Levantó la bola de *chakra* por encima de su cabeza.

"¡Ya detente! ¡Dale un alto, Toneri!"

"¡Destruiré el corrupto y oscuro mundo del Sabio de las Seis Sendas con la luz de la justicia!"

Naruto se quedó sin aliento. Una sombra gigante lo cubría. Caía sobre ellos la estatua que Kurama había hecho volar. Esta se impactó directo contra Toneri, quien, a su vez, salió disparado hacia los cielos.

A esas grandes alturas, los rayos del Sol, que antes se escondía detrás de la Tierra, iluminaron al monstruoso joven. Los Byakugan adheridos a su cuerpo comenzaron a hervir y a quemarse.

"¡Su jutsu absorbió la energía solar y sobrepasó sus límites de *chakra*!" Exclamó Shikamaru.

Los Byakugan comenzaron a corroer todo su ser.

"Si lo dejamos así…"

De continuar recibiendo la luz del Sol, Toneri podría derretirse o explotar.

"¡Toneri!" Gritó Naruto y voló hacia el Otsutsuki.

"¡Detente! ¡Es peligroso!"

"¡Naruto-kun!"

Toneri seguía echando humo. Naruto lo sujetó y lo bajó hasta la sombra de la Tierra, donde no lo alcanzaba la luz del Sol.

***

"¡Es hora! ¡Prepárense para disparar el cañón de *chakra* de espacio-tiempo!" Rugió el Raikage.

Estaba por terminar el plazo que le había dado al Hokage. Se reanudó la recarga de *chakra* del cañón. Los números del indicador de energía comenzaron a aumentar.

96, 97, 98, 99... ¡100 porciento!

"¡Disparen el cañón de *chakra* de espacio-tiempo!"

Sin embargo, no se disparó la bala de luz.

"¡¿Qué ocurre?! ¿Por qué no disparas?" El Raikage se enfureció.

El operador del cañón, Killer B, susurró: "No puedo... dispararle a Naruto..."

"¡Deja tus sentimientos personales! ¡De esto depende la supervivencia de la Tierra!"

Aun así, B alejó las manos de la palanca de disparo y bajó la cabeza.

"¡Hazte a un lado! ¡Yo lo dispararé!"

Justo cuando puso la mano sobre el hombro de su hermano, llegó corriendo el astrónomo de Kumogakure.

"¡Raikage-sama! ¡Hay caracteres *shinobis* en la Luna! ¡El Kyubi está escribiendo algo en la superficie!"

"¡¿Qué?!"

Kakashi se asomó por el telescopio. A través del ocular pudo distinguir la espalda de Kurama, que en cuatro patas escribía sobre la superficie lunar ayudado con una roca.

¿Ambas… misiones… termi… na… das? ¡Ambas misiones terminadas!

Recordó cuando le dijo al escuadrón de Shikamaru que tenían dos misiones. Una era el rescate de Hanabi y la otra era salvar la Tierra. Si ambas habían sido cumplidas a la vez, entonces…

Kakashi suspiró profundamente. Las personas congregadas alrededor del telescopio esperaban llenas de expectación su respuesta.

"Nos han salvado… ¡Salvaron la Tierra!"

"¡!"

Todos se vieron unos a otros y, acto seguido, el centro antiaéreo se llenó de exclamaciones de júbilo. Poco a poco,

las ovaciones se extendieron por la aldea Konoha, el Reino del Fuego y el planeta entero.

"Hokage-sama… ¿ya se esperaba todo esto?" Preguntó Izumo, quien estaba a su lado.

"Mis presentimientos siempre están en lo correcto cuando son buenos." Aseveró Kakashi mientras miraba el reloj, ahora totalmente detenido.

8

Naruto y los demás trasladaron a Toneri, ya de vuelta a la normalidad, al cementerio subterráneo de las ruinas.

"E-este lugar es…"

Incluso él se quedó sin palabras cuando estuvo ante los miles de sarcófagos.

"El alma de Hamura me guio hasta aquí…"

Al escuchar las palabras de Hinata, Toneri se arrodilló frente a las sepulturas y bajó la cabeza. Se mantuvo quieto y en silencio por un tiempo. Finalmente, alzó la cabeza y empezó a hablar con serenidad.

"Todo esto se debe a que… actué contra la última voluntad de mi padre…"

Encontrándose ya al borde de la muerte, el hombre se preocupó por el futuro de su joven hijo, solo en la Luna.

Tenía las marionetas, por lo que no tendría problemas para vivir, pero simplemente la vestimenta, la comida y el refugio no eran lo único que necesitaba la gente.

"Cuando me muera, ve a la Tierra. Olvídate de la causa y el destino de los Otsutsuki. Busca compañeros, gana amigos y vive para ti mismo. El ser humano no debe permanecer solo…"

Sin embargo, el chico permaneció en la Luna. La soledad le fue difícil, pero no podía alejarse de ahí al pensar en la voluntad de sus antepasados.

"El ser humano no debe permanecer solo."

Ahora las últimas palabras de su padre le pesaban sobre los hombros. Los humanos cometían errores. El error lo hacía parte de la humanidad. Cuando uno equivocaba su camino, asimismo era otro ser humano quien corregía dicho yerro.

"Por eso… me equivoqué…"

"Toneri, aún no es tarde. Sigue las palabras de tu padre y ven con nosotros a la Tierra. Seguramente todos ahí te recibirán con los brazos abiertos.

"Me quedaré en la Luna. Pagaré por mis pecados aquí." Dijo en respuesta y se incorporó.

"Toneri…"

Naruto lo llamó y el Otsutsuki volteó y sonrió solitario.

"Ya no volverá a caer la Luna sobre la Tierra... nunca jamás..." Después de decir eso partió.

Tenían que darse prisa en volver. El espacio que conectaba la Luna con la Tierra estaba por cerrarse. Naruto y Hinata cruzaron el árca con múltiples cristales gigantes y llegaron a la cueva del cangrejo.

Justo antes de lanzarse al manantial, Naruto dijo en voz apenas audible:

"Yo también estaba solo cuando era niño. Toneri y yo nos parecemos en algo. De no haberlos tenido a ti y a los demás compañeros de la aldea, podría haber terminado como él..."

En medio de la oscuridad donde flotaban las burbujas brillantes y esferas de arena, Naruto y Hinata estaban frente a frente sobre una de estas últimas. Se miraban a los ojos. Él sonrió y ella le devolvió una sonrisa. Entre ellos ya no había sentimientos reprimidos, obstáculos ni sospechas.

Hinata intentó abrazarlo, pero vaciló un momento.

"¿Qué ocurre?"

"Naruto-kun, hay algo que quiero preguntarte..."

La enamorada recordó lo sucedido antes frente a la casa de Naruto.

"La tejieron para mí… Está supercalientita."

Había dicho eso con una expresión de lo más feliz.

"¿Quién te dio esa bufanda?"

Naruto miró fijamente a su amiga.

En silencio, sacó la bufanda rayada del bolso.

"Esta… me la tejió mi mamá."

"Eh…"

Hiruzen, el guardián de Naruto, la había recibido de Kushina cuando aún vivía y la había dejado guardada en una caja. El nieto de Hiruzen, Konohamaru, la encontró recientemente y se la entregó a Naruto.

"Ya veo… Es que yo…"

"No… Yo no pensaba…"

"¡Por favor, hermana! ¿Hasta cuándo piensan seguir hablando? ¡Me les adelantaré!"

Voltearon al escuchar la voz y en la bola de arena vecina encontraron a Hanabi. La hermanita de Hinata sonreía mientras giraba su *kunai* con aquel adorno amarrado. Había recuperado ambos ojos.

"H-Hanabi… ¿sí puedes ver bien?"

"Sí. Todo gracias a Sakura-san."

La pequeña estrechó el brazo de Sakura y sonrió.

"Qué alivio…" Dijo Hinata con lágrimas en los ojos e inclinó la cabeza frente a su amiga.

En esta ocasión, Sakura había salvado a ambas hermanas. Estaba llena de agradecimiento hacia ella.

"¡Rápido! ¡El espacio comienza a colapsarse!" Los apresuró Shikamaru.

Naruto y Hinata voltearon hacia la oscuridad sobre sus cabezas. Esta vez iban en sentido contrario, subiendo entre la penumbra. Había un sinfín de burbujas brillantes y bolas de arena. Se tomaron de la mano y saltaron. Brincaron de una bola de arena a otra, subiendo por el pozo. Cada vez que pasaban al lado de alguna burbuja resplandeciente, las superficies de estas reflejaban los recuerdos de ambos.

Se conocieron por primera vez en un matorral.

"¡Dejen de molestar a esa niña!"

Naruto la salvó de un grupo de tres bravucones.

Después apareció aquella nostálgica clase de Iruka en la academia *ninja*.

"Si el mundo fuera a acabarse mañana, ¿con quién querrían pasar su último día en la Tierra?" Resonó por el pozo la voz de Iruka.

También se proyectó la pelea contra Pain. Ella lo defendió heroicamente cuando estaba herido.

"¡Yo... te amo, Naruto-kun!"

Hinata se sonrojó un poco al recordar aquella ocasión.

Continuaron subiendo mientras observaban sus recuerdos. Pero la destrucción de este espacio se acercaba. Cada vez escuchaban más cerca el sonido de las burbujas reventándose y las bolas de arena fragmentándose.

"Hinata, ¡debemos apresurarnos!"

"Sí." Ella asintió y se resbaló en la superficie de la burbuja. Por un momento, soltó su mano.

"¡N-Naruto-kun!"

Entonces comenzó a caer. Naruto apenas alcanzó a sujetar su brazo. La acercó hacia él, la cargó con firmeza y continuó subiendo.

"Oye, Hinata... ¿recuerdas cuando Iruka-sensei nos preguntó en clase con quién querríamos estar durante nuestro último día en la Tierra?"

La muchacha asintió con la cabeza, sostenida por los brazos de Naruto.

"No pude escribir nombre alguno. No conocía a mis padres y no tenía amigos… No se me ocurría nadie. Sin embargo, ahora sé claramente a quién elegiría. Deseo estar contigo. A partir de ahora, para siempre y por siempre, quiero estar contigo hasta morir, Hinata."

"…"

Ella no era capaz de expresarse en palabras. En ese momento supo que había ocasiones en las que podía ser tan feliz que se quedaba sin ellas. En silencio, enterró la cara en el pecho de Naruto.

La devastación estaba cerca. Ya casi los alcanzaba.

"Hinata… sujétate de mí."

Obediente, abrazó a Naruto del cuello con ambos brazos.

"No te sueltes."

"No lo haré…"

Hinata juró dentro de su corazón que jamás en su vida volvería a soltarlo.

"¡Rasengan!"

Ahora que ella lo había sujetado, él tenía las manos libres. Lanzó un Rasengan a una de las bolas de arena.

Sintieron el fuerte impacto y salieron disparados como cohetes a gran velocidad, subiendo por el pozo. Emergieron del manantial de la cueva kárstica, levantando un grandioso chorro de agua, y continuaron elevándose. Pero ¡tenían demasiado impulso!

Shikamaru y los otros ya habían salido del agua. Miraron a la pareja subir a gran velocidad en la cueva.

"¡Ey! ¡Se impactarán contra el techo!"

La bóveda de la cueva se aproximaba.

Hinata, con la cara cubierta en el pecho de Naruto, lo escuchó rugir.

"¡¿Y crees que…"

Formó un Rasengan especialmente grande en la mano.

"…dejaré que esto acabe aquí?!"

Golpeó el techo con el Rasengan y rompió la roca.

En las afueras de la Aldea Oculta Konoha, el bosque estaba nevado. La tierra se sacudió y el campo nevado estalló. De entre el humo salió volando Naruto sosteniendo a Hinata en sus brazos.

Se elevaron a lo alto, alto, alto, alto, hacia el cielo nocturno. Alcanzaron la cima de su vuelo y llegaron al momento de pausa en el aire, antes de comenzar la caída.

"Naruto-kun…"

"Hinata, gracias…"

Con la enorme Luna llena en el fondo, las siluetas de ambos comenzaron a acercar sus rostros hasta que por fin se sobrepusieron.

Capítulo final
¡Hacia el mañana!

Unos años después, la aldea oculta de Konoha se recuperó espléndidamente. Había filas de edificios altos: el paisaje de la aldea había cambiado en su totalidad. En el aposento de una de esas viviendas altas Hinata tejía en silencio una bufanda. Afuera de la ventana caían copos de nieve y a lo lejos se podía ver la Roca Hokage.

"¡Uryah!"

Naruto, ahora con presencia más imponente, practicaba taijutsu en el balcón.

Sus puños y patadas eran afilados. Sus músculos se hinchaban y su sudor volaba alrededor. Miró fijamente a la nada y se detuvo. Su respiración entrecortada se disipaba entre el paisaje nevado.

De pronto, los pasos de dos personas se escucharon acercándose a su espalda.

"¡Papá! ¡Juega conmigo!"

"¡Papa!"

Eran su hijo Boruto y su hija Himawari. Esta última aún era muy joven y no podía pronunciar bien.

"A ver… ¿Cuántas veces les he repetido que no salgan sin zapatos?"

Hinata dejó de tejer y regañó suavemente a sus hijos. Aun así, ni a Boruto ni a Himawari les importó. El pequeño le

lanzó una bola de nieve justo en la cara a su madre cuando se asomó al balcón.

"¡Ay! ¡Muy bien! ¡Yo también jugaré!"

Boruto y Himawari, habiendo involucrado con éxito a su mamá en la guerra de nieve, corrieron entre la blancura mientras gritaban alegres.

"Oigan… ¡Su madre es fuerte si pelea en serio!"

Los cuatro comenzaron a jugar y la Roca Hokage observó con ternura a la familia sonriente.

Novels

Masashi Kishimoto
Maruo Kyozuka

PANINI GROUP

DIRECTOR DE PUBLICACIONES Y LICENSING Marco M. Lupoi
DIRECTOR DE PUBLICACIONES AMÉRICA LATINA Ivam Faria
GERENTE DE PUBLICACIONES Y LICENSING AMÉRICA LATINA Montserrat Samón

PANINI MÉXICO

DIRECTORA GENERAL Marina Benavides
DIRECTORA DE VENTAS Y OPERACIONES Claudia López
DIRECTORA DE FINANZAS Angélica Pacheco
GERENTE DE MARKETING Marilú Vargas

PRODUCCIÓN EDITORIAL Caligrama Editores – Sonia Batres
TRADUCIDO POR Sergio Ávila
GERENTE EDITORIAL Flavio Pastor COORDINADOR EDITORIAL Gerardo Juárez
EDITORA Laura Cabrera LECTORA Arely Heredia
EDITOR DE CONTENIDO EN JEFE César de Jesús EDITOR DE CONTENIDO JR. Salvador Castro
COORDINADORA DE DISEÑO Yolanda López DISEÑADORA Montserrat Zenteno

Primera edición
Noviembre 2020
ISBN obra independiente: 978-607-634-677-8
Hecho en México

EDITORIAL PANINI MÉXICO
Isaac Newton No. 286 Iᵉʳ piso Colonia Polanco V Sección,
C.P. 11560 Del. Miguel Hidalgo, Ciudad de México, México
Tel.: (+52) 55.52.08.35.50

paninicomics.com.mx   PaniniMangaMx   @PaniniMangaMx